Lokalisierung von Merkmalen in Softwaresystemen

Von der Fakultät
Informatik, Elektrotechnik und Informationstechnik
der Universität Stuttgart zur Erlangung der Würde eines
Doktors der Naturwissenschaften (Dr. rer. nat.)
genehmigte Abhandlung

Vorgelegt von

Daniel Simon

aus Homburg im Saarland

Hauptberichter:	Prof. Dr. E. Plödereder
Mitberichter:	Prof. Dr. R. Koschke
Tag der mündlichen Prüfung:	11. Oktober 2005

Institut für Softwaretechnologie der Universität Stuttgart

2006

Bibliografische Information Der Deutschen Bibliothek

Die Deutsche Bibliothek verzeichnet diese Publikation in der Deutschen
Nationalbibliografie; detaillierte bibliografische Daten sind im Internet über
http://dnb.ddb.de abrufbar.

ISBN 3-8325-1176-8

D 93

Logos Verlag Berlin
Comeniushof, Gubener Str. 47,
10243 Berlin
Tel.: +49 030 42 85 10 90
Fax: +49 030 42 85 10 92
INTERNET: http://www.logos-verlag.de

Danksagung

„Macht's gut und danke für den Fisch."
– Douglas Adams

Eine Arbeit im Umfang wie die vorliegende kann nicht ohne die Unterstützung von Freunden entstehen. An dieser Stelle möchte ich mich zunächst bei Prof. Dr. Erhard Plödereder bedanken, der es mir ermöglicht hat, diese Arbeit im Rahmen des Bauhaus-Projekts am Lehrstuhl für Programmiersprachen und Übersetzerbau des Instituts für Softwaretechnologie durchzuführen.

Insbesondere durch die Zusammenarbeit mit Thomas Eisenbarth und Rainer Koschke ist diese Arbeit gewachsen und durch eine Reihe von Veröffentlichungen über die Zeit gereift. Ihnen gilt deshalb mein besonderer Dank. Weiter möchte ich meinen Kollegen Stefan Bellon, Jörg Czeranski, Carola Jenke, Eva Kern, Klemens Krause, Kornelia Kuhle, Ursula Mühlbayer und Gunther Vogel meinen Dank für ihre ausgezeichnete Zusammenarbeit und Unterstützung auch im außeruniversitären Umfeld während meiner Zeit in Stuttgart aussprechen. Bei Gerd Bleher von Agilent in Böblingen möchte ich mich für die Möglichkeit der Durchführung der SmarTest-Fallstudie bedanken.

Schließlich will ich mich auch bei meiner Frau für ihre fortwährende Unterstützung während der Zeit in Stuttgart bedanken. Sie hat mich oft genug aushalten müssen und hat mir sehr dabei geholfen, durchzuhalten und die Arbeit zu ihrem Ende zu bringen.

3

Inhaltsverzeichnis

8 Ein Prozess zur Merkmallokalisierung · 179

9 Rückblick und Ausblick · 193

A Vergleich mit verwandten Arbeiten · 199

B Handbuch zu Concepts · 203

Literaturverzeichnis · 204

Abbildungsverzeichnis

Abkürzungen und Symbole

Symbolverzeichnis

×	steht in Relation zu (in Formalen Kontext als Kreuztabelle)
$\wedge$, $\bigwedge$	Infimum
$\vee$, $\bigvee$	Supremum
0	Nullelement
1	Einselement
γ	Objektbegriff
μ	Attributbegriff
σ	gemeinsame Attribute
τ	gemeinsame Objekte
$\mathcal{A}$, A, a	alle Attribute, Attributmenge, Attribut
$\mathcal{B}$	Begriffsverband
b	Begriff
$\mathcal{BP}$	Begriffspartitionierung
$\mathcal{BSP}$	Begriffssubpartitionierung
$\mathcal{I}$, B	Inzidenzrelation, Aufruf- oder „Benutzt"-Relation
Inhalt	Begriffsinhalt
K	Formaler Kontext
$\mathcal{M}$, M, m	alle Merkmale, Merkmalmenge, Merkmal
MS	Merkmal-Szenario-Relation
$\mathcal{O}$, O, o	alle Objekte, Objektmenge, Objekt
$\mathcal{OSP}$	Objektsubpartitionierung
$\mathcal{P}$, P, p	Berechnungseinheitenmenge, Berechnungseinheit
$\mathcal{R}$, R, r	alle Routinen, Routinenmenge, Routine
$\mathcal{S}$, S, s	alle Szenarien, Szenariomenge, Szenario
Umfang	Begriffsumfang

Schriftarten

Im Text werden folgende Schriftarten verwendet:

`Routine`	Schrift für Routinen und Berechnungseinheiten
Szenario	Schrift für Szenarien
Merkmal	Schrift für Merkmale

Abkürzungen

ASDG	Abstract System Dependence Graph (Abstrakter System-abhängigkeitsgraph)
ACD	Atomic Component Detection, siehe auch Koschke (2000)
BRCG	Branch-Reserving Call Graph
CCA	Coverage Concept Analysis nach Ball (1999)
DGS	Dependency Graph Search, Methode zur Lokalisierung von Merkmalen nach Chen und Rajlich (2000)
IML	Intermediate Language
IR	Information Retrieval
KLOC	Kilo Lines of Code (Tausend Zeilen Quelltext)
LOC	Lines of Code (Zeilen Quelltext)
LSI	Latent Semantic Indexing nach Marcus u. a. (2004)
PDG	Program Dependence Graph (Programmabhängigkeits-graph)
RFG	Ressourcen Fluss Graph
SDG	System Dependence Graph (Systemabhängigkeitsgraph)
SNIAFL	Static Non-Interactive Approach to Feature Location nach Zhao u. a. (2004)
SVD	Single Value Decomposition, Indizierungsfunktion zum Aufbau des LSI-Raums nach Marcus u. a. (2004)
URCA	Use-Case Driven Design Recovery by means of Formal Concept Analysis, Methode zur Designanalyse auf der Basis von UML-Use-Cases nach Bojic und Velasevic (2000a)

Zusammenfassung

In der Literatur findet sich eine Vielzahl von Arbeiten, die es zum Ziel haben, die verloren gegangene Struktur einer Software wiederherzustellen oder die tatsächliche Struktur von Programmen mit ihrem Entwurf zu vergleichen. Die dort vorgeschlagenen Analysen arbeiten allesamt aus Sicht eines Programmierers auf den Programmquellen und erzeugen Vorschläge in dessen Terminologie.

Die Sicht des Benutzers auf eine Software ist eine andere: Statt die Struktur der Programmquellen sehen die Anwender der Software die Merkmale (engl. *features*) des Programms. Um die Lücke zwischen den Benutzerkonzepten und der Programmierersicht zu überbrücken, braucht man Mittel, die Merkmale eines Programms mit den Programmquellen zu verbinden, in denen diese Programmmerkmale implementiert sind. In dieser Dissertation stelle ich eine neue Methode **Merkmallokalisierung** vor, um die Merkmale eines Programms in den entsprechenden Quellen des Programms zu lokalisieren. Ich zeige, wie sich darüber hinaus durch diese Analyse die Merkmale auch untereinander in Beziehung setzen lassen und sich eine Abstufung der Zugehörigkeit von Programmteilen zu Merkmalen gewinnen lässt.

Bei der Merkmallokalisierung kommt eine wohlfundierte mathematische Methode zur begrifflichen Wissensverarbeitung zum Einsatz: die Formale Begriffsanalyse. Mit Hilfe der Formalen Begriffsanalyse werden die Beziehungen zwischen Programmmerkmalen und Anwendungsszenarien einerseits und zwischen Anwendungsszenarien und dabei tatsächlich benutzten Programmteilen andererseits untersucht und aufbereitet.

Die Ermittlung der benutzten Programmteile erfolgt über eine dynamische Analyse von Programmprofilen. Um die Ungenauigkeiten in den Griff zu bekommen, die durch eine solche dynamische Analyse entstehen, verbindet die Merkmallokalisierung diese dynamischen Programminformationen in einem zweiten Schritt mit statisch aus den Programmquellen extrahierten Fakten.

Die Merkmallokalisierung lässt sich wohldosiert einsetzen: Man muss die Analyse nicht für alle Merkmale des Programms auf einmal einsetzen, sondern man kann sich auf die wichtigsten Merkmale konzentrieren und in späteren Iterationen der Analyse weitere Merkmale untersuchen. Damit bereits gewonnene Erkenntnisse aus früheren Analyseschritten nicht verloren gehen, unterstützt der auf der Formalen Begriffsanalyse basierende Teil der Analyse auch das inkrementelle Vorgehen. Die Merkmallokalisierung liefert intuitiv nachvollziehbare Antworten für die Frage nach der Implementierung von Merkmalen. Der mathematische Hintergrund des Verfahrens muss den Anwendern der Merkmallokalisierung nicht bekannt sein.

Ein Nachteil der Verwendung der Formalen Begriffsanalyse ist ihr theoretisch mögliches exponentielles Laufzeitverhalten bei der Berechnung der Begriffsverbände. In dieser Arbeit führe ich eine Reihe von Fallstudien durch und zeige damit, dass ebenso wie bei anderen Anwendungen der Formalen Begriffsanalyse dieses schlimmstmögliche Laufzeitzeitverhalten in der Praxis keine Rolle spielt. Auf der Basis der bei den Fallstudien gewonnen Erfahrungen definiere ich einen Prozess, mit dem unter Beteiligung mehrerer Aktoren die Merkmallokalisierung systematisch durchgeführt werden kann.

Abstract

In the literature there is a number of research papers that focus on the recovery or verification of the structure and architecture of legacy software. Almost all of the proposed analyses produce results that are expressed in the terminology of the programmers.

However, the user of the software takes a different point of view: she sees the features of the program rather than its structure. In order to gap the bridge between the users' and the programmers' points of view, an association has to be set up between the features of the software on the one hand and the corresponding implementation of the feature in the program sources on the other hand. In this thesis, I propose a new method named **feature location** (in German: *Merkmallokalisierung*) that localizes the features of a program in the program sources. Moreover, feature location analyses the relation between the features of the software and allows for gradual ranking of the program sources with respect to the program features.

Feature location is based on the well-founded mathematical method called formal concept analysis that is applied for conceptual data analysis and knowledge processing. By means of formal concept analysis the relations between program features and usage scenarios of the software on one side and the relations between usage scenarios and required program entities on the other side are analysed and processed.

The identification of the required program entities is realised by a dynamic analysis of the program's execution. In a subsequent step, feature location applies the results from static analyses to compensate for the uncertainties that arise from the dynamic execution. Feature location yields an intuitively comprehensible answer to the search for the implementation of a feature. The mathematical background has not to be known to the users of the technique.

Feature location can be applied in a demand-driven way: the analysis can be applied to some subset of program features. The part of feature location that is based on formal concept analysis provides the means so that in subsequent iterations of the analysis more features can be taken into account without losing the information gathered in earlier rounds.

One drawback of feature location is the worst case exponential run-time behaviour of formal concept analysis when computing the concept lattices. In this thesis, I describe several case studies showing that this worst case behaviour is unlikely to be relevant for the practical use of feature location. Based on the experiences of the case studies I define a process that allows for the systematic execution of feature location.

Kapitel 1

Einleitung

Der Worte sind genug gewechselt,
Lasst mich auch endlich Taten sehn!
– Johann Wolfgang von Goethe, „Faust"

In diesem Kapitel wird zunächst der Hintergrund aufgezeigt, vor dem die Merkmallokalisierung entwickelt wurde. Ich definiere die Ziele, die ich in dieser Arbeit verfolge, und gebe einen kurzen Überblick über ihre Struktur.

Überblick   In Abschnitt 1.1 erläutere ich die Ausgangssituation für die Aufgabenstellung. Danach werden in Abschnitt 1.2 die Ziele der Merkmallokalisierung und dieser Arbeit genannt. Die Eingliederung der Arbeit in den Kontext des Bauhaus-Projekts beschreibe ich in Abschnitt 1.3. Anschließend gebe ich in Abschnitt 1.4 einen Überblick über den Rest der Arbeit und fasse dazu die einzelnen Kapitel kurz zusammen.

1.1   Ausgangssituation

Im Jahr 1985 haben Lehman und Belady ihre mittlerweile weit bekannten Gesetze der Software-Evolution formuliert. Fast 20 Jahre später haben die damals formulierten Hypothesen über den beständigen Wandel von Software und deren durch Änderungen immer weiter steigende Komplexität keineswegs an Bedeutung verloren. In der Zusammenstellung von Koskinen (2004) kann man erkennen, dass in den letzten Jahren die Menge der Software, die gewartet werden muss, ständig wächst und damit auch der Aufwand und die Kosten zum Verstehen dieser Software.

Dass dieses Thema auch in Zukunft akut bleiben wird, lässt sich schon allein daraus schließen, dass sich nach Müller u. a. (1994) der Umfang der in Unternehmen eingesetzten Software etwa alle sieben Jahre verdoppelt. In der Praxis der Software-Wartung steigern die von Lehman (1980) und Lehman und Belady (1985) untersuchten Probleme die Wartungskosten: Die Software wird „zerwartet", eine konsistente Dokumentation und Modularisierung kann nach ihren Untersuchungen in den meisten Fällen nicht vorausgesetzt werden.

Als Ausweg aus dieser Wartungskrise bietet sich eine frühzeitige und präventive Pflege der Software an, die möglichst bedarfsgetrieben durchgeführt wird. Zu diesen Pflegemaßnahmen hat Koschke (2000) eine ganze Reihe von automatischen Techniken untersucht, die statische strukturelle Analysen der Software-Quellen durchführen. Da die Ergebnisse der automatischen Techniken hinter den Erwartungen zurückbleiben, führt Koschke eine semi-automatische Methode ein, bei der Wartungsprogrammierer und Computer bei der Analyse der Software zusammenwirken. Diese Analysen untersuchen die Software allerdings immer statisch und betonen die Sichtweise des Programmierers. Damit liegt der Schwerpunkt auf restrukturierenden und korrektiven Wartungsmaßnahmen.

Die Änderung oder Erweiterung von funktionalen Eigenschaften oder Merkmalen von Programmen wird durch diese strukturellen Analysen nicht direkt unterstützt. Weiter werden Wartungsaufgaben, die der Erweiterung einer Software dienen, oft aus der Sicht der Anwender und in der Terminologie der Anwendung formuliert (statt in der Sprache der Programmierer). Um Wartungsmaßnahmen an der Software durchzuführen, ist es deshalb zunächst notwendig, die Anwendungskonzepte in den Programmquellen oder -komponenten wieder zu finden, also diejenigen strukturellen Komponenten zu identifizieren, die für die Implementierung der Konzepte zuständig sind. Hat der Wartungsprogrammierer diese Komponenten identifiziert, kann er damit beginnen, unter Zuhilfenahme der strukturellen Analysen die Änderungen vorzunehmen. Die Rolle der Lokalisierung von Anwenderkonzepten in den Programmquellen beim Programmverstehen und beim Reengineering wird auch in Rajlich und Wilde (2002) ausführlicher diskutiert.

Die statischen strukturellen Analysen einer Software gehen meist von einer abgeschlossenen Situation bei den Programmquellen aus. Diese vollständige Untersuchung resultiert zwar in gesicherten konservativen Aussagen, aber sowohl bei Lakhotia (1993) als auch bei Erdös und Sneed (1998) finden sich gute Argumente für ein unvollständiges Programmverstehen: Eine vollständige Analyse dauert in der Praxis einfach zu lange, als dass der Aufwand zu rechtfertigen ist. Um dem Wartungsprogrammierer eine Möglichkeit zu bieten, sich nur auf einen Teil der Software zu konzentrieren, kann man dynamische Informationen ins Spiel bringen, um damit die Frage nach dem „Wo soll ich anfangen?" und „Was muss ich wirklich verstehen, um Änderungen durchzuführen?" zu beantworten. Dynamische Informationen, also Informationen, die durch die Ausführung des Programms gewonnen werden, werden somit in die Software-Analyse mit einbezogen.

Die **Merkmallokalisierung**, die im Rest dieser Arbeit vorgestellt werden soll, versucht die Anwendersicht der Software mit in die Software-Analyse einzubeziehen. Sie untersucht, wie die Merkmale als Anwenderkonzepte eines Programms mit den zugehörigen Programmquellen zusammenhängen. Dazu verwende ich zunächst dynamische Information und analysiere diese mit Hilfe einer mathematisch fundierten Methode zur Wissensbearbeitung, der Formalen Begriffsanalyse. Im Anschluss an die Untersuchung der dynamischen Information, die gerade wegen der Dynamik Unschärfen aufweisen kann, gleiche ich die Ergebnisse der Formalen Begriffsanalyse zusätzlich mit statischer Information aus den Programmquellen ab, um die Unvollständigkeit der zur Laufzeit gewonnenen Daten zu behandeln.

1.2 Ziele der Arbeit

In diesem Abschnitt nenne ich die Ziele, die ich mit der Merkmallokalisierung verfolge. Die Fragen, die in dieser Arbeit behandelt werden, lauten:

1. Der wichtigste Punkt ist, die neue Technik „Merkmallokalisierung" vorzustellen. Die Resultate dieser Technik können zur Beantwortung folgender Fragen herangezogen werden:

   (a) Welche Programmteile p werden für ein Merkmal m benötigt?

   (b) Welche Programmteile p werden nur für ein Merkmal m benötigt?

   (c) Welche Programmteile p werden nicht für ein Merkmal m benötigt?

   (d) Welche Programmteile p werden für verschiedene Merkmale m_i gemeinsam benötigt?

    (e) Wie spezifisch ist ein Programmteil p für ein Merkmal m?

    (f) Wie hängen Merkmale m_i voneinander ab?

2. Die vorgestellte Technik soll qualitativ bewertet werden, indem sie auf Programme unterschiedlicher Größe angewendet wird. Die bei der Anwendung gemachten Erfahrungen ziehen praktische Verbesserungen der ersten Umsetzung der Merkmallokalisierung nach sich.

3. Ein Prozess soll beschrieben werden, der die Merkmallokalisierung in der Praxis anwendbar macht.

4. Es sollen Werkzeuge zur Prozessunterstützung spezifiziert und eine Implementierung zur Verfügung gestellt werden.

1.3 Projektkontext: Bauhaus

Diese Arbeit baut zum Teil auf den Werkzeugen auf, die aus der Forschung und Entwicklung im Rahmen des Bauhaus-Projekts an der Universität Stuttgart entstanden sind, und ist auch in das Projekt eingegliedert. Das in der Arbeit von Eisenbarth u. a. (1999) beschriebene Bauhaus-Projekt befasst sich mit der Erforschung und Entwicklung von Beschreibungsmitteln, Analysemethoden und zugehörigen Werkzeugen, die es dem Wartungsingenieur erleichtern, semi-automatisch diverse Sichten auf die Architektur von Altsystemen herzuleiten, wiederverwendbare Komponenten zu identifizieren und Auswirkungen von Programmänderungen abzuschätzen. Mit den Modellen der Hierarchischen Reflexion von Koschke und Simon (2003) verfügt Bauhaus auch über ein Verfahren, die Architektur einer Software von Hypothesen geleitet zu überprüfen und zu validieren.

    Die Analyseergebnisse lassen sich über mehrere Wartungszyklen hinweg dauerhaft speichern und bleiben als stufenweise gewachsenes „Corporate Memory" für die Wartung verfügbar. Für die Basisanalysen des Quelltexts werden bekannte Techniken aus dem Compilerbau, wie zum Beispiel die Daten- und Kontrollflussanalyse, angepasst und eingesetzt. Darauf aufbauend bietet Bauhaus mit der Arbeit von Koschke (2000) eine Methode zur halbautomatischen Komponentenerkennung auf der Grundlage einer ganzen Reihe statischer struktureller Software-Analysen. Die Software und die Ergebnisse der Analysen können mittels einer graphischen Benutzerschnittstelle dem Wartungsprogrammierer präsentiert werden, um so das Programmverstehen zu erleichtern.

Die Software-Analysen, die das Bauhaus bietet, sind statischer Natur, analysieren also den Quelltext, ohne das untersuchte Programm ausführen zu lassen. Die Merkmallokalisierung bereichert die Bauhaus-Werkzeugsammlung nun um eine dynamische Komponente: Bei der Arbeit, die hier vorgestellt wird, werden zu untersuchende Programme instrumentiert und ausgeführt und die gewonnene dynamische Information ausgewertet. Umgekehrt nutzt die Merkmallokalisierung die Infrastruktur der vorhandenen statischen Analysen für den Abgleich der Ergebnisse, die aus der dynamischen Information gewonnen werden.

1.4 Überblick über die Arbeit

Hier gebe ich einen Überblick über den Aufbau der Arbeit und Hinweise auf den Inhalt der einzelnen Kapitel und deren Abhängigkeiten untereinander. Je nach Vorkenntnissen des Lesers können einzelne Kapitel übersprungen werden.

In Kapitel 2 (Grundlagen) fasse ich die Terminologie, die technischen Grundlagen und die mathematische Basis der Formalen Begriffsanalyse zusammen, soweit sie für das Verständnis dieser Arbeit wichtig sind. Die Abschnitte 2.1 und 2.2 sind für Leser gedacht, die sich im Bereich Software-Entwicklung und -Wartung nicht auskennen. Die Grundlagen der Formalen Begriffsanalyse sind mathematisch versierten Lesern vermutlich schon bekannt und bieten allen anderen einen schnellen Einstieg in diesen Zweig der begrifflichen Wissensverarbeitung.

Im Anschluss gebe ich in Kapitel 3 (Verwandte Arbeiten) einen Überblick über die wissenschaftlichen Arbeiten, die mit der Merkmallokalisierung in Zusammenhang stehen. Das sind zunächst in Abschnitt 3.1 die Arbeiten, die sich in einer Form mit der Lokalisierung von Funktionalität in Programmquellen auseinander setzen. In Abschnitt 3.2 sind die Veröffentlichungen rekapituliert, die dynamische Analysen der Software mit der Formalen Begriffsanalyse angehen. Die große Zahl an Arbeiten, die die Formale Begriffsanalyse auf statisch extrahierte Daten aus Programmquellen anwenden, habe ich in Abschnitt 3.3 in aller Kürze überschlagen – einem interessierten Leser sollen die zahlreichen Literaturverweise weiterhelfen.

Nach diesen Vorbereitungen komme ich zum Kern der Arbeit. In Kapitel 4 (Begriffsanalyse zur Merkmallokalisierung) führe ich die auf der Formalen Begriffsanalyse basierende Merkmallokalisierung schrittweise ein. Zum besseren Verständnis verwende ich durchgehend ein Beispielprogramm, das im Verlaufe dieses und des folgenden Kapitels zur Merkmallokalisierung herangezogen wird.

Ich erkläre die Merkmallokalisierung zunächst für die vereinfachte Situation, dass jedes Merkmal eines Programms in genau einem Programmlauf allein ausgeführt werden kann. In einem zweiten Schritt erweitere ich die Merkmallokalisierung auf den allgemeinen Fall, bei dem Merkmale in verschiedenen Programmausführungen verwendet werden und umgekehrt auch Programmausführungen mehrere Merkmale verwenden können.

Um die Merkmallokalisierung praxistauglich zu machen, biete ich eine Möglichkeit, die Eingangsdaten für die Analyse aus dynamischen Analysen der Programme zu gewinnen. In Kapitel 5 (Dynamische und statische Information) kläre ich, wie diese dynamischen Daten in die Merkmallokalisierung einfließen und wie in einem weiteren Schritt diese dynamischen Daten mit statisch extrahierten Informationen über das Programm abgeglichen werden.

Nach der Theorie soll auch die Praxis nicht zu kurz kommen. In Kapitel 6 (Fallstudien) führe ich mehrere Fallstudien durch, um zuerst zu zeigen, dass die Merkmallokalisierung prinzipiell funktioniert. Außerdem möchte ich an großen System nachweisen, dass der praktischen Anwendung der Merkmallokalisierung keine unlösbaren Laufzeitprobleme der verwendeten Algorithmen entgegenstehen. Darüber hinaus soll diese „Jungfernfahrt" auch zeigen, was noch verbessert werden kann, um die Merkmallokalisierung in einem praktischen Prozess einzusetzen.

In Kapitel 7 (Verfeinerungen) greife ich die technischen Erkenntnisse aus Kapitel 6 auf und setze diese in Verbesserungen der Merkmallokalisierung um. Anschließend definiere ich in Kapitel 8 (Ein Prozess zur Merkmallokalisierung) einen Prozess zur Merkmallokalisierung, in dem sowohl die Verbesserungen zu finden sind als auch die Erfahrungen über das beste Vorgehen bei der Programmanalyse.

Zum Abschluss der Arbeit fasse ich in Kapitel 9 (Rückblick und Ausblick) die bisherigen Ergebnisse zusammen und gebe auch einen Ausblick auf künftige Aufgaben, die sich an diese Arbeit anschließen können.

Vorabveröffentlichungen

Teile dieser Arbeit wurden bereits in Eisenbarth, Koschke und Simon (2001a, b, c) und Eisenbarth, Koschke und Simon (2002) als Konferenzbeiträge und als Zeitschriftenbeitrag in Eisenbarth, Koschke und Simon (2003) veröffentlicht. Diese Teile sind

- Kapitel 4 bis einschließlich Abschnitt 4.2.2

- Kapitel 5 in einer ersten Fassung

- die Fallstudie in Abschnitt 6.5

- Teile der Ideen in Kapitel 7

- Teile des Prozesses in Kapitel 8

Kapitel 2

Grundlagen

> 'When I use a word,' Humpty Dumpty said in rather
> a scornful tone, 'it means just what I choose it to mean
> – neither more nor less.'
> – Lewis Carroll, "Through the Looking-Glass"

Dieses Kapitel stellt die Terminologie, die im Weiteren verwendeten technischen Mittel sowie die mathematischen Grundlagen und Formalismen vor, die die Basis zum Verständnis der Merkmallokalisierung bilden. In den nachfolgenden Kapiteln dieser Arbeit wird auf die hier gesammelten Definitionen und Konzepte zurückgegriffen.

Überblick In Abschnitt 2.1 definiere ich die in dieser Arbeit verwendeten Fachbegriffe. Abschnitt 2.2 enthält die relevanten technischen Grundlagen, die für die Merkmallokalisierung benötigt werden. Die Merkmallokalisierung fußt in ihrem theoretischen Teil auf der Formalen Begriffsanalyse. In Abschnitt 2.3 gebe ich die mathematischen Grundlagen der Formalen Begriffsanalyse wieder, soweit sie für das Verständnis des formalen Hintergrunds der Merkmallokalisierung notwendig sind. Auch die Grundlagen, die bei den verwandten Arbeiten benutzt werden, habe ich zusammengetragen. Zum Abschluss fasse ich das Kapitel in Abschnitt 2.4 noch einmal kurz zusammen.

2.1 Terminologie

In diesem Abschnitt werden die Fachbegriffe erklärt, die in der vorliegenden Arbeit verwendet werden. Für die meisten der verwendeten Begriffe gibt es Standarddefinitionen, die ich unverändert übernehme. Die in dieser Arbeit besonders wichtigen Begriffe führe ich der Vollständigkeit halber im Folgenden explizit auf. Insbesondere wenn anstelle eines englischen Fachbegriffs sein weniger bekanntes deutsches Pendant verwendet wird, gebe ich den englischen Ursprung an. In den weiteren Kapiteln gehe ich davon aus, dass dem Leser die allgemeinen Begriffe aus dem Standard Glossary for Software Engineering, IEEE Std 610.12 (1991), geläufig sind.

2.1.1 Reengineering-Terminologie

Bei der Verwendung der Reengineering-Terminologie halte ich mich an die Vorgaben von Chikofsky und Cross II. (1990), was die englische Terminologie betrifft. Wo es möglich und sinnvoll ist, verwende ich die deutschen Entsprechungen aus Baumöl u. a. (1996).

Wegen ihrer Bedeutung im Rahmen dieser Arbeit werden die folgenden Begriffe aus IEEE Std 610.12 (1991) präzisiert:

- Statische Analyse (engl. **static analysis**): Die strukturelle und inhaltliche Analyse der Programmquellen ohne die Ausführung des Programms wird als „statische Analyse" bezeichnet. Die so berechnete Information, auch die über Zeiger, Spuren und Objekte, wird als „statische Information" bezeichnet.

- Dynamische Analyse (engl. **dynamic analysis**): Als dynamische Analyse bezeichnet man die Analyse eines Programms auf der Basis seines Laufzeitverhaltens. Die Informationen, die mittels dynamischer Analyse des Programms gewonnen werden, heißen „dynamische Informationen".

- Instrumentierung (engl. **instrumentation**): Im Kontext dieser Arbeit bezeichnet die Instrumentierung das Einfügen von Anweisungen in das ausführbare Programm zur Überwachung des laufenden Programms. Die dabei gewonnene Information dient zur dynamischen Analyse des Programms. Die technische Realisierung der Instrumentierung wird in Abschnitt 2.2.1 erläutert.

Die folgenden Begriffe werden in dieser Arbeit verwendet und haben keine Entsprechung in einem der gängigen Standards.

- Ausführungsspur (kurz Spur, engl. **trace**): Eine Spur ist ein Protokoll der Ausführung eines Programms, das die Reihenfolge der Ausführung der Berechnungseinheiten des Programms zeigt.

- Ausführungsprofil (kurz Profil, engl. **profile**): Ein Profil ist ein Protokoll der Ausführung eines Programms, das zeigt, welche Berechnungseinheiten ausgeführt wurden, ohne dabei die Reihenfolge zu beachten. Üblicherweise wird gleichzeitig verfolgt, wie oft ein Programmteil ausgeführt und welche Rechenzeit damit verbracht wurde. Man erhält dadurch einen Programmquerschnitt für die ursprüngliche Verwendung von Profilen: die Suche nach Berechnungseinheiten eines Programms, die hohe Rechenkosten verursachen (so genannte **hot spots**).

- Protokolldatei: Sowohl bei der Erstellung einer Ausführungsspur als auch beim Erstellen eines Ausführungsprofils fallen Daten an, die zur späteren Verwendung in einer Protokolldatei gesichert werden.

2.1.2 Besondere Terminologie in dieser Arbeit

Weitere Begriffe, die in dieser Arbeit eine prominente Rolle spielen und einer näheren Betrachtung unterzogen werden müssen, sind im Folgenden aufgezählt und erläutert.

- Programmmerkmal m (kurz Merkmal, engl. **feature**): Der Begriff Merkmal ist bei der Merkmalanalyse ein wichtiger Begriff und wird in Abschnitt 2.1.3 ausführlich diskutiert. Merkmale werden im Text durch KAPITÄLCHEN hervorgehoben.

- Szenario s (engl. **scenario**): Ein Szenario beschreibt, wie ein Programm benutzt werden muss, um bestimmte Merkmale des Programms zu verwenden und damit den zum Merkmal gehörenden Quelltext zur Ausführung zu bringen. Ein Szenario ist die abstrakte Beschreibung der Verwendung eines oder mehrerer Merkmale.

  Szenarien können aus Teilszenarien bestehen und umgekehrt können durch Kombination von Szenarien neue Szenarien entstehen. Eine weitergehende

Formalisierung will ich hier nicht angeben; der wesentliche Punkt ist, mittels eines Szenarios eine Beschreibung zu geben, die es erlaubt, ein Programm reproduzierbar auszuführen. Szenarien werden im Text in serifenloser Schrift gesetzt.

Szenarien unterscheiden sich von den **UML-Use-Cases**. UML-Use-Cases, wie von Rumbaugh u. a. (1999) definiert, beschreiben die Merkmale eines Programms in einem funktional orientierten Top-Down-Ansatz. Die Use-Cases versuchen zu beschreiben, welche Merkmale eines Systems verwendet werden können. Ein Szenario hingegen beschreibt den Ablauf der Verwendung eines Programms auch in zeitlicher Hinsicht. Auch spielen bei den Szenarien die in den UML-Diagrammen verwendeten Aktoren nicht die zugedachte Rolle. Szenarien sind diesbezüglich Flussdiagrammen ähnlicher.

- Programmeinheiten p (engl. **program entity**): Mit Programmeinheiten bezeichne ich sowohl deklarative (Datentypen usw.) als auch ausführbare Teile (insbesondere die Berechnungseinheiten) eines Programms.

- Berechnungseinheiten p (engl. **computational units**): Berechnungseinheiten sind ein Oberbegriff für ausführbare Programmeinheiten des Programmquelltextes. Darunter fallen etwa die Teile von Grundblöcken, Routinen, Modulen oder Subsystemen, die ausgeführt werden können. Im weiteren Verlauf dieser Arbeit sind Berechnungseinheiten an `nicht-proportionaler Schrift` im Text zu erkennen.

- Routine r (engl. **routine**, aus IEEE Std 610.12 (1991)): Mit Routine bezeichne ich ein Unterprogramm, das von anderen Unterprogrammen aufgerufen werden kann. Die Verwendung des Begriffs Routine ist in verschiedenen Programmiersprachen unterschiedlich. Gängige Bezeichnungen für aufrufbare Unterprogramme sind in C „Funktionen", in Ada95 gibt es „Funktionen" und „Prozeduren". In objektorientierten Sprachen wie Java oder C++ nennt man die Unterprogramme indes „Methoden". Die Routinen eines Programms finden bei der Vorstellung der Merkmallokalisierung im Weiteren die häufigste Verwendung. Routinen sind ebenso wie Programmeinheiten und Berechnungseinheiten an `nicht-proportionaler Schrift` erkennbar.

Der Zusammenhang zwischen Szenario, Merkmal und Berechnungseinheit ist in Abbildung 2.1 als Diagramm dargestellt. Ein Szenario s kann eine beliebige Menge von Merkmalen m_i verwenden, und umgekehrt kann ein Merkmal m

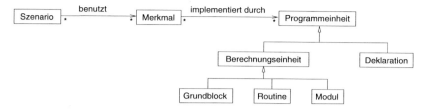

Abbildung 2.1: Der inhaltiche Zusammenhang von Szenario, Merkmal und Programmeinheit als ER-Diagramm mit Vererbung

auch in verschiedenen Szenarien s_j verwendet werden. Ein Merkmal m wird implementiert durch verschiedene Berechnungseinheiten p_x. Umgekehrt tragen üblicherweise einige der Berechnungseinheiten p_x auch zur Realisierung mehrerer Merkmale m_i bei.

2.1.3 Merkmale

In diesem Abschnitt versuche ich, den zentralen Begriff des Merkmals zu erhellen. Ziel ist es ja letztlich, Merkmale im Quelltext des Programm wieder zu finden.

Die Aufgabe, den Begriff „Merkmal" (engl. **feature**) zu definieren, erweist sich als überraschend schwierig. Für die anderen verwendeten Fachausdrücke lassen sich leicht allgemein anerkannte Definitionen in der Literatur finden; für den Begriff Merkmal ist dies leider nicht der Fall. Allein beim Durchsuchen der einschlägigen Standards der IEEE stößt man auf eine ganze Reihe von Definitionen:

1. IEEE Std 610.12 1991, S. 67 (Standard Glossary for Software Engineering Terminology), definiert mit Verweis auf weitere IEEE-Standards

   software feature

   (a) IEEE Std 829 (Standard for Test Documentation, 1983, S. 9):
       A distinguishing characteristic of a software item (for example, performance, portability, or functionality).

   (b) IEEE Std 1008 (Standard for Software Unit Testing, 1986, S. 9):
       A software characteristic, specified or implied by requirements documentation (e.g., functionality, performance, attributes or design constraints).

2. IEEE Std 830 (Recommended Practice for Software Requirements Specification 1998, S. 19):

> A feature is an externally desired service by the system that may require a sequence of inputs to effect the desired result. [. . .] Each feature is generally described in a sequence of stimulus-response pairs.

Doch damit nicht genug. Offenbar haben viele Wissenschaftler sich Gedanken gemacht, was denn ein Merkmal ist, und sind zu dem Schluss gekommen, in ihren jeweiligen Publikationen eine eigene Definition zu verwenden.

Um einen Blick auf die Bedeutung des Begriffs Merkmal zu werfen, wie er im Allgemeinen verwendet wird, lohnt sich das Nachschlagen in einem Lexikon, hier etwa dem Merriam-Webster (2002), unter dem Schlagwort **feature**:

> [. . .] Etymology: Middle English **feture**, from Middle French, from Latin **factura** act of making, from **factus**, past participle of **facere** to make. [. . .]
>
> 1a: the structure, form, or appearance especially of a person
>
> . . .
>
> 4c: something offered to the public or advertised as particularly attractive
>
> . . .

Auch ein weiterer Blick in die aktuelle Literatur, die sich mit Software Engineering, Software-Architektur und Software Reengineering befasst, bringt unterschiedliche Ausprägungen der Definitionen ans Licht:

- Kang, Cohen, Hess, Novak und Peterson (1990, S. 8)

  > A prominent or distinctive user-visible aspect, quality, or characteristic of a software system or systems.

- Czarneki und Eisenecker (2000, S. 755)

  > A property of a domain concept, which is relevant to some domain stakeholder and is used to discriminate between concept instances.

- Bosch (2000, S. 194)

> We define a feature as a logical unit of behaviour that is spec-
> ified by a set of functional and quality requirements. A feature
> generally captures a considerable set of requirements [. . . and] rep-
> resents a logical unit of behaviour from the perspective of one or
> several stakeholders of the product. [. . .] Each such functional
> unit, we refer to as a feature.

Schließlich lohnt auch der Blick in das Online-Wörterbuch FOLDOC (2004),
das vielleicht nicht die schlechteste Definition bietet: Dort ist ein „feature" ein do-
kumentierter Programmfehler. Andere Autoren benutzen zwar den Begriff „feature", überlassen aber dessen Definition der Intuition des Lesers.

Eine derartige Vielfalt an Definitionen, die sich zum Teil in gewissen Bereichen
decken, hält zum Einen davon ab, eine der obigen Definitionen zu übernehmen,
und zum Zweiten will ich auch nicht noch eine weitere Definition hinzufügen. Ich
versuche, den Merkmalbegriff ein Stück weit einzugrenzen. Merkmale, die durch
die Merkmallokalisierung im Programmquelltext identifiziert werden, sind

- funktionale Eigenschaften (nicht-funktionale Merkmale wie Qualität werden hier nicht betrachtet), die

- vom Benutzer in irgendeiner Form erkennbar und

- vom Benutzer anstoßbar sind.

Mit diesen Einschränkungen kann ich sowohl die Operationen eines abstrakten Datentyps einer Bibliothek als Merkmale des Datentyps auffassen als auch die
konzeptuellen Merkmale wie die Zeichenoperationen eines Zeichenprogramms.
Je nach Benutzer ändert sich die Auffassung, was ein Merkmal ist. Mit den obigen
Anforderungen an die Auffassung von „Merkmal" wird eine breite Möglichkeit
geboten, die „generische" Merkmallokalisierung an den jeweiligen Kontext anzupassen. Diese Auffassung in die vorliegende Arbeit einzubetten, bleibt dem
geneigten Leser überlassen.

2.1.4 Klassifizierung von Programmeinheiten

Wie auch immer die konkrete Ausprägung von „Merkmal" gewählt wird, es stellt sich nun die Frage, wie denn der zugehörige Programmquelltext zu einem oder mehreren Merkmalen in Bezug gesetzt wird. Um die Klassifizierung zu formalisieren, nehme ich an, dass es eine (unendliche) Menge S von Programmausführungen gibt, eine Menge M von Merkmalen sowie eine Menge P von Programmeinheiten. Mittels zweier Prädikate BENUTZT und VERWENDET definiere ich im Folgenden verschiedene Beziehungen zwischen Programmeinheiten und Merkmalen.

Für eine Programmausführung $s \in S$ und eine Programmeinheit $p \in P$ ist BENUTZT(s, p) genau dann wahr, wenn bei der Programmausführung s die Programmeinheit p benutzt[1] wurde. Für eine Programmausführung $s \in S$ und ein Merkmal $m \in M$ ist VERWENDET(s, m) genau dann wahr, wenn bei der Programmausführung s das Merkmal m verwendet wurde.

Die folgenden beiden Axiome liegen dabei den Kategorisierungen zu Grunde:

1. Je weniger Szenarien eine Programmeinheit benutzen, umso spezifischer ist diese Programmeinheit für die Szenarien, die sie benutzen.

2. Umgekehrt sind Programmeinheiten, die von vielen Szenarien benutzt werden, eher allgemeiner Natur.

Zunächst kann man eine einfache Einteilung von Programmeinheiten in die Klassen **potentiell notwendig** und **irrelevant** in Bezug auf ein einzelnes Merkmal vornehmen:

- Eine Programmeinheit p ist **potentiell notwendig** für ein Merkmal m, wenn es eine Ausführung s des Programms gibt, bei der Merkmal m verwendet und Programmeinheit p benutzt wird.

$$\text{PNOTWENDIG}(m, p) :\Leftrightarrow \exists s \in S : \text{VERWENDET}(s, m) \wedge \text{BENUTZT}(s, p)$$

---

[1] Ich habe hier den Begriff „benutzt" gewählt, um verschiedene Varianten von Abhängigkeiten einer Programmausführung zu einer Programmeinheit abzudecken. Eine von dynamischen Analysen genutzte Möglichkeit für die Definition von „benutzt" ist „Programmeinheit p wird für Szenario s ausgeführt" für ausführbare Einheiten wie Routinen. Mit statischen Analysen kann man die Definition von „benutzt" auch auf Typen, Literale und deklarative Anteile des Programms ausdehnen. Eine weitere Definition von „benutzt" ist die von Koschke und Quante (2005) verwendete: Ein Szenario s benutzt eine Programmeinheit p, wenn die Programmausführung von Szenario s bei Entfernen der Programmeinheit p aus den Programmquellen nicht ohne Änderung des Programmverhaltens möglich wäre.

- Eine Programmeinheit p ist **irrelevant** für ein Merkmal m, wenn es keine Ausführung s des Programms gibt, bei der Merkmal m verwendet und die Programmeinheit p benutzt wird.

$$\text{IRRELEVANT}(m, p) :\Leftrightarrow \nexists s \in S : \text{BENUTZT}(s, m) \land \text{VERWENDET}(s, p)$$

Diese Definitionen sind hilfreich für das Verstehen eines einzelnen Merkmals: Will man die Implementierung des Merkmals m verstehen, kann man sich auf die dafür potentiell notwendigen Programmeinheiten beschränken. Die irrelevanten Programmeinheiten müssen für das Verstehen des Merkmals m nicht betrachtet werden. Auch braucht für das Verständnis eines Merkmals die Menge der irrelevanten Programmeinheiten nicht weiter unterteilt zu werden.

Die Menge der potentiell notwendigen Programmeinheiten ist aber nur eine erste grobe Annäherung an die Programmeinheiten, die wesentlich für die Implementierung eines Programmmerkmals sind und mit denen man beim Verstehen des Merkmals anfangen will. So werden auch Programmeinheiten als potentiell notwendig eingestuft, die ganz allgemein im Programm wiederverwendet werden.

Um die Untersuchung der Merkmale zu vertiefen, kann man die notwendigen Programmeinheiten weiter unterteilen. Dazu definiere ich fünf disjunkte Kategorien, in die die Programmeinheiten in Bezug auf ein Merkmal eingeteilt werden können.

1. (spezifisch) Die spezifischen Programmeinheiten sind die ersten Teile eines Programms, die man für das Verstehen eines Merkmals untersuchen muss. Spezifische Programmeinheiten sind charakteristisch für ein Merkmal.

   Eine Programmeinheit p ist **spezifisch** für ein Merkmal m, wenn gilt:

   (a) Alle Programmausführungen s, die Merkmal m verwenden, benutzen Programmeinheit p.

   $$\forall s \in S : \text{VERWENDET}(s, m) \Rightarrow \text{BENUTZT}(s, p)$$

(b) Programmeinheit p wird bei keiner Programmausführung s benutzt, die Merkmal m nicht verwendet. Mit anderen Worten: Jede Ausführung s, die die Programmeinheit p benutzt, verwendet auch das Merkmal m.

$$\forall s \in S : \textsc{benutzt}(s, p) \Rightarrow \textsc{verwendet}(s, m)$$

2. (relevant) Die relevanten Programmeinheiten dienen als Stütze für die Implementierung eines Merkmals und stellen eine Abstraktionsebene für das Verstehen eines Merkmals zur Verfügung. Relevante Programmeinheiten gehören zu Diensten, die andere Teile des Programms für ein bestimmtes Merkmal zur Verfügung stellen.

Eine Programmeinheit p ist **relevant** für ein Merkmal m, wenn gilt:

(a) Alle Programmausführungen, die Merkmal m verwenden, benutzen Programmeinheit p.

$$\forall s \in S : \textsc{verwendet}(s, m) \Rightarrow \textsc{benutzt}(s, p)$$

(b) Es gibt mindestens eine weitere Programmausführung, die Merkmal m nicht verwendet, aber die Programmeinheit p benutzt.

$$\exists s' \in S : \neg\textsc{verwendet}(s', m) \land \textsc{benutzt}(s', p)$$

Je weniger Programmausführungen existieren, die Programmeinheit p benutzen und Merkmal m nicht verwenden, desto relevanter ist Programmeinheit p für Merkmal m. Umgekehrt sind die allgemeinsten Programmeinheiten diejenigen, die bei den meisten Programmausführungen benutzt werden.

3. (abhängig) Abhängige Programmeinheiten bauen auf der Implementierung des Merkmals m auf und können nicht losgelöst von Merkmal m ausgeführt werden. Abhängig ist in gewissem Sinne das Gegenteil von relevant: abhängige Programmeinheiten sind Verwender des Merkmals m. Bei Programmänderungen spielen abhängige Programmeinheiten eine Rolle, da sie von Änderungen an spezifischen Programmeinheiten betroffen sind.

Eine Programmeinheit p ist **abhängig** von einem Merkmal m, wenn gilt:

(a) Es gibt eine Programmausführung s, die Merkmal m benutzt und Programmeinheit p verwendet.

$$\exists s \in S : \textsc{verwendet}(s, m) \wedge \textsc{benutzt}(s, p)$$

(b) Es gibt eine weitere Programmausführung s', die Merkmal m verwendet und dabei Programmeinheit p nicht benutzt.

$$\exists s' \in S : \textsc{verwendet}(s', m) \wedge \neg\textsc{benutzt}(s', p)$$

(c) Es gibt keine Programmausführung s'', die Programmeinheit p benutzt aber Merkmal m nicht verwendet.

$$\nexists s'' \in S : \textsc{benutzt}(s'', p) \wedge \neg\textsc{verwendet}(s'', m)$$

Oder äquivalent, alle Programmausführungen s'', die Programmeinheit p benutzen, verwenden auch Merkmal m.

$$\forall s'' \in S : \textsc{benutzt}(s'', p) \Rightarrow \textsc{verwendet}(s'', m)$$

4. (geteilt) Programmeinheiten, die sich nicht eindeutig einem Merkmal zuordnen lassen, heißen geteilte Programmeinheiten. Solche Programmeinheiten p werden bei der Verwendung des Merkmals m nicht immer benutzt und darüber hinaus bei der Verwendung anderer Merkmale benutzt.

Eine Programmeinheit p ist **geteilt** für ein Merkmal m, wenn gilt:

(a) Es gibt eine Programmausführung, die Merkmal m verwendet und dabei Programmeinheit p benutzt.

$$\exists s \in S : \textsc{verwendet}(s, m) \wedge \textsc{benutzt}(s, p)$$

(b) Es gibt eine Programmausführung, die Merkmal m verwendet, aber Programmeinheit p nicht benutzt.

$$\exists s' \in S : \textsc{verwendet}(s', m) \wedge \neg\textsc{benutzt}(s', p)$$

(c) Es gibt eine Programmausführung, die Merkmal m nicht verwendet, aber Programmeinheit p benutzt.

$$\exists s'' \in S : \neg \text{VERWENDET}(s'', m) \wedge \text{BENUTZT}(s'', p)$$

5. (irrelevant) Eine Programmeinheit p ist **irrelevant** für ein Merkmal m, wenn es keine Programmausführung gibt, die Merkmal m verwendet und Programmeinheit p benutzt.

$$\nexists s \in S : \text{VERWENDET}(s, m) \wedge \text{BENUTZT}(s, m)$$

Die Einteilung der Programmeinheiten bezüglich der Merkmale eines Programms in diese fünf Kategorien ist das Ziel der Merkmallokalisierung, die ich in Kapitel 4 vorstelle. Über die reine Einteilung in die verschiedenen Kategorien hinaus ist es aber auch von Interesse, den Zusammenhang von Merkmalen untereinander zu eruieren, um etwa Aussagen darüber zu erhalten, welche Merkmale auf welchen anderen Merkmalen aufbauen.

2.2 Technische Grundlagen

Dieser Abschnitt gibt einen Überblick über die beiden wichtigen Verfahren zur Informationsgewinnung bei der Merkmallokalisierung. Abschnitt 2.2.1 erläutert, wie dynamische Daten aus den zu analysierenden Programmen gewonnen werden können. Die statischen Analysen, die bei der Merkmallokalisierung verwendet werden, arbeiten mit dem **Abstract System Dependency Graph**, dessen Form und Herleitung im Abschnitt 2.2.2 zusammengefasst sind.

2.2.1 Programminstrumentierung und Profile

Bei der Merkmalanalyse wird dynamische, also zur Laufzeit gewonnene Information über das Programm genutzt. Um diese Information zu erhalten, muss das Programm „instrumentiert" werden. Dazu gibt es zwei einfache Wege:

1. Einfaches Instrumentieren: Gängige Compiler wie etwa der GNU gcc (2004) bieten die Möglichkeit, zur Messung von Laufzeitverhalten von Programmen Profiling-Information mit zu protokollieren. Dabei wird jeweils der Eintritt und das Verlassen etwa einer Routine mitgezählt und am Ende

des Programmlaufs in einer Protokolldatei gesichert. Zusätzlich wird üblicherweise die verbrauchte Gesamtzeit und die in aufgerufenen Routinen verbrauchte Zeit pro Routine ermittelt. Für die Merkmallokalisierung wird lediglich die Tatsache berücksichtigt, dass eine Routine aufgerufen wurde.

2. Komplexeres Instrumentieren: Bei modernen Compiler bietet sich gewöhnlich die Möglichkeit, an Stelle der einfachen Instrumentierung eigene Protokollfunktionen zu implementieren, die dann bedarfsgerechte Informationen zur Laufzeit ermitteln können. Von dieser Möglichkeit wird bei der Merkmallokalisierung noch kein Gebrauch gemacht. Für mögliche Erweiterungen (etwa: welches Szenario greift auf welche Speicherbereiche zu) liegt hier noch Forschungspotential.

Die Protokolle der Ausführung eines instrumentierten Programms werden beim Profiling im Binärformat gespeichert. Mit einfachen Mitteln (etwa einem Werkzeug wie GNU gprof 2004) können die Protokollinformationen nach abgeschlossenem Programmlauf dann in textuelle Formate überführt werden.

2.2.2 Abhängigkeitsgraphen

Programme werden üblicherweise als Quelltexte verfasst. Texte sind zur manuellen Analyse und zum Verständnis nicht das beste Mittel, da sie keine Abstraktionen zulassen und die Lesetätigkeit bei Menschen nicht skaliert. Um ein besseres Verständnis zu ermöglichen und von konkreten Programmeigenschaften zu abstrahieren, kann man deshalb aus einem Programmquelltext mittels Compilerbautechnologie statische Abhängigkeiten extrahieren und als Graphen darstellen.

Ottenstein und Ottenstein (1984) stellen den Programmabhängigkeitsgraphen **Program Dependence Graph** (PDG) zur Darstellung von Prozeduren als Graphen vor. Horwitz u. a. (1990) erweitern den PDG zum Systemabhängigkeitsgraphen **System Dependence Graph** (SDG), um ein Gesamtsystem als solchen Graphen zu repräsentieren und darauf Slicing durchzuführen (siehe Horwitz und Reps 1992). Angereichert mit Kontroll- und Datenflussinformationen werden diese Graphen dann in der Arbeit von Ballance u. a. (1990) zum **Program Dependence Web** erweitert.

Da diese Graphen für manche Aufgaben unnötig genaue Abhängigkeiten enthalten, wurden in den Arbeiten von Eisenbarth (1998), Koschke (2000) und Chen

```
int c = 0;              int main (void) {
int d = 0;                  int a = 42;
                            int b;
void g (void) {
    d = d + 10;             g();
}                           b = f(a);
                            return b;
int f (int x) {         }
    c = x;
    return x + d;
}
```

Abbildung 2.2: Ein Beispiel für ein C-Programm und den daraus abgeleiteten ASDG

und Rajlich (2000) verschiedene Varianten der so genannten **Abstract System Dependence Graphs** (ASDG) definiert, die nur noch „globale" Abhängigkeiten innerhalb eines Programms wiedergeben und deutlich kleiner und handlicher als die SDGen sind. In diesem abstrakten Graphen entsprechen die Knoten den Entitäten einer Programmiersprache (z. B. Funktionen, Variablen, Dateien usw.) und die Kanten repräsentieren die Beziehungen zwischen den Entitäten (z. B. Aufrufe, Lesen und Schreiben von Variablen usw.). Eine wichtige Art Teilgraph solcher Graphen sind z. B. Aufrufgraphen.

All diese Abhängigkeiten können durch eine statische Analyse der Programmquellen ermittelt werden. Mit Hilfe einer geeigneten Visualisierung kann man so interessante Einsichten in ein Softwaresystem gewinnen. Ein Beispiel für einen kleinen ASDG ist in Abbildung 2.2 wiedergegeben.

2.3 Formale Begriffsanalyse

Die **Formale Begriffsanalyse** ist ein Gebiet der Angewandten Mathematik, die auf der Formalisierung von **Begriff** und **Begriffshierarchie** aufbaut. Die Begriffsanalyse bringt dadurch mathematische Überlegungen in die begriffliche Wissensverarbeitung ein. Die mathematischen Grundlagen wurzeln in der Theorie geordneter Mengen und der Galois-Theorie. Birkhoff hat 1940 das Standardwerk zur Ordnungs- und Verbandstheorie geschrieben. Seither wurde der mathematische Hintergrund weiterentwickelt und verfeinert; seit den 80er Jahren des 20. Jahrhunderts wurde die Begriffsanalyse immer wichtiger.

In neuester Zeit finden sich immer mehr Anwendungen der Formalen Begriffsanalyse, da sie vorzüglich zur Verarbeitung von gegebenen Fakten geeignet ist. Dies zahlt sich auch in der Informatik aus, wie die große Zahl an Arbeiten belegt (in Kapitel 3 sind 20 Arbeiten aufgeführt, die sich mit Reengineering befassen; Tilley u. a. (2003) stellt insgesamt 42 Arbeiten zusammen). Wichtig für die automatischen Anwendungen der Formalen Begriffsanalyse ist, dass die erzeugte Begriffshierarchie eine wohldefinierte Semantik hat. Sie ist unabhängig von der Reihenfolge der Eingabedaten (insbesondere auch bei einer inkrementellen Anwendung) und unabhängig von den Spezifika der sie erzeugenden Algorithmen.

Im Folgenden fasse ich das zum Verständnis der weiteren Arbeit benötigte Grundlagenwissen der Begriffsanalyse kurz zusammen. Ich folge dabei in etwa dem Aufbau von Ganter und Wille (1996); einige Bezeichnungen und Symbole habe ich der Verwendung in anderen Veröffentlichungen im Reengineering-Bereich angepasst. Der detaillierte Formalismus, viele Beweise und auch Hinweise auf weiterführende Literatur finden sich in Ganter und Wille (1996), auf die ich an dieser Stelle verweise.

In der englischsprachigen Literatur wird die Begriffsanalyse als **formal concept analysis** bezeichnet. Der Begriffsverband wird dann mit **concept lattice** oder auch **Galois lattice** bezeichnet.

2.3.1 Kontext, Begriff, Verband

Die Formale Begriffsanalyse befasst sich mit der Untersuchung zweier Mengen und einer binären Relation zwischen diesen Mengen. Mit Bezeichnungen ähnlich wie in Ganter und Wille (1996) formuliert: Es gibt Mengen O, die **Objekte**, und $\mathcal{A}$, die **Attribute** sowie eine **Inzidenzrelation** $I \subseteq O \times \mathcal{A}$ zwischen O und $\mathcal{A}$.

	a_1	a_2	a_3	a_4	a_5	a_6	a_7
o_1	×			×		×	×
o_2		×		×	×		×
o_3			×		×	×	×

Abbildung 2.3: Ein Formaler Kontext, dargestellt durch eine Kreuztabelle

Das Tripel $K = (O, \mathcal{A}, \mathcal{I})$ wird **Formaler Kontext** genannt. Für $O \subseteq O$ definiert man die Menge der **gemeinsamen Attribute** für alle Objekte aus O

$$\sigma(O) := \{a \in \mathcal{A} \mid (o, a) \in \mathcal{I} \text{ für alle } o \in O\} \tag{2.1}$$

und dual für $A \subseteq \mathcal{A}$

$$\tau(A) := \{o \in O \mid (o, a) \in \mathcal{I} \text{ für alle } a \in A\} \tag{2.2}$$

die Menge der **gemeinsamen Objekte** für alle Attribute aus A. Um Klammern zu sparen, schreibt man im Falle einelementiger Objekt- oder Attributmengen auch $\sigma(o)$ statt $\sigma(\{o\})$ und $\tau(a)$ an Stelle von $\tau(\{a\})$.

Ein Formaler Kontext kann mit Hilfe einer so genannten **Kreuztabelle** dargestellt werden. In dieser Tabelle entsprechen die Zeilenköpfe den Objekten und die Spaltenköpfe den Attributen. Ein Objekt o_i und ein Attribut a_j stehen genau dann in der Relation $\mathcal{I}$, wenn die Tabelle an Zeile i und Spalte j mit einem × markiert ist. Ein Beispiel für einen derart repräsentierten Kontext ist in Abbildung 2.3 dargestellt. Für diesen Kontext gilt z. B. $\sigma(\{o_1\}) = \{a_1, a_4, a_6, a_7\}$ und $\tau(\{a_6, a_7\}) = \{o_1, o_3\}$. Wenn aus dem Zusammenhang klar hervorgeht, was Attribute und Objekte sind, können aus Gründen der Lesbarkeit der Kreuztabellen die Zeilen und Spalten transponiert dargestellt werden.

Ein Paar aus Objekten und Attributen $b = (O, A)$ heißt **Begriff** genau dann, wenn $A = \sigma(O)$ und gleichzeitig $O = \tau(A)$. Mit anderen Worten, alle Objekte aus b haben alle Attribute aus b gemeinsam. Man bezeichnet O als den *Umfang(b)* und A als den *Inhalt(b)* des Begriffs b. Informell entspricht ein Begriff einem maximal großen gefüllten Rechteck in der Kreuztabelle modulo Spalten- und Zeilenvertauschungen. In Abbildung 2.4 sind alle Begriffe des Kontexts aus Abbildung 2.3 aufgeführt.

b_0	$(\{o_1, o_2, o_3\}, \{a_7\})$
b_1	$(\{o_1, o_2\}, \{a_4, a_7\})$
b_2	$(\{o_1, o_3\}, \{a_6, a_7\})$
b_3	$(\{o_2, o_3\}, \{a_5, a_7\})$
b_4	$(\{o_1\}, \{a_1, a_4, a_6, a_7\})$
b_5	$(\{o_2\}, \{a_2, a_4, a_5, a_7\})$
b_6	$(\{o_3\}, \{a_3, a_5, a_6, a_7\})$
b_7	$(\emptyset, \{a_1, a_2, a_3, a_4, a_5, a_6, a_7\})$

Abbildung 2.4: Sämtliche Begriffe für den Kontext aus Abbildung 2.3

Die Menge aller Begriffe eines gegebenen formalen Kontexts bildet eine Halb-ordnung mittels der **hierarchischen Ordnung** $\leq$, die wie folgt festgelegt ist: Seien $b_1 = (O_1, A_1)$ und $b_2 = (O_2, A_2)$ zwei Begriffe des selben formalen Kontexts, dann ist

$$b_1 \leq b_2 \Leftrightarrow O_1 \subseteq O_2 \tag{2.3}$$

oder, dual dazu,

$$b_1 \leq b_2 \Leftrightarrow A_2 \subseteq A_1 \tag{2.4}$$

Man beachte, dass per Definition immer beide Bedingungen zugleich gelten. Falls $b_1 \leq b_2$, spricht man von b_2 als **Oberbegriff** zu b_1, bzw. von b_1 als **Unterbegriff** zu b_2. In dem Fall hat dann b_2 mindestens so viele Objekte wie b_1 in seinem Umfang, und umgekehrt hat b_1 mindestens so viele Attribute in seinem Inhalt wie b_2. Für den Fall, dass weder $b_1 \leq b_2$ noch $b_2 \leq b_1$ gilt, spricht man auch davon, dass b_1 und b_2 **unvergleichbar** sind. Mit den Bezeichnungen aus Abbildung 2.4 gilt beispielsweise $b_4 \leq b_2$.

Die Menge $\mathcal{B}$ aller Begriffe b eines gegeben Kontexts K zusammen mit der Halbordnung $\leq$ bilden einen vollständigen Verband, den so genannten **Begriffs-verband**:

$$\mathcal{B}(K) = \{(O, A) \in 2^O \times 2^{\mathcal{A}} \mid A = \sigma(O) \text{ und } O = \tau(A)\} \tag{2.5}$$

Begriffsverbände können gut durch **Hasse-Diagramme** veranschaulicht werden. Hasse-Diagramme visualisieren die Relation $<$ zwischen Begriffen, die wie folgt definiert ist:

$$b_1 < b_2 \Leftrightarrow b_1 \leq b_2 \text{ und es gibt keinen Begriff } b(\neq b_1, b_2), \text{ mit } b_1 \leq b \leq b_2 \tag{2.6}$$

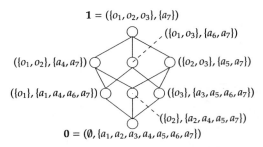

$$\mathbf{1} = (\{o_1, o_2, o_3\}, \{a_7\})$$

$(\{o_1, o_3\}, \{a_6, a_7\})$

$(\{o_1, o_2\}, \{a_4, a_7\})$ $(\{o_2, o_3\}, \{a_5, a_7\})$

$(\{o_1\}, \{a_1, a_4, a_6, a_7\})$ $(\{o_3\}, \{a_3, a_5, a_6, a_7\})$

$(\{o_2\}, \{a_2, a_4, a_5, a_7\})$

$$\mathbf{0} = (\emptyset, \{a_1, a_2, a_3, a_4, a_5, a_6, a_7\})$$

Abbildung 2.5: Die Darstellung des Verbands für den Kontexts aus Abbildung 2.3 als Hasse-Diagramm

Die $\leq$-Halbordnung lässt sich aus der $<$-Relation wiedergewinnen, indem man den transitiven Schluss über $<$ durchführt. Einzelne Begriffe werden dabei durch Knoten dargestellt, die mit den Objekten und Attributen beschriftet sind. Die Knoten sind durch Kanten entsprechend der $<$-Relation mit den direkten Ober- und Unterbegriffen verbunden. Dabei sind ganz intuitiv die Oberbegriffe eines Begriffes oberhalb und die Unterbegriffe unterhalb dieses Begriffs anzutreffen. Der Verband aus unserem Beispiel ist in Abbildung 2.5 wiedergegeben. Der größte Begriff wird auch das **Einselement** genannt und mit **1** (im Beispiel Begriff b_0) markiert. Der kleinste Begriff ist das **Nullelement** und wird mit **0** (entspricht im Beispiel dem Begriff b_7) beschriftet. Die direkten Nachbarn des Nullelements werden auch **Atome** genannt, die Elemente direkt unterhalb des Einselements heißen auch **Koatome**.

Diese Art der Darstellung von Begriffsverbänden enthält viele redundante Einträge für die einzelnen Objekte und Attribute und wird daher mit wachsender Zahl an Objekten und Attributen schnell unübersichtlich. Mit Hilfe der folgenden Überlegungen gelangt man zu einer besser lesbaren graphischen Wiedergabe.

Dazu definiert man für zwei Begriffe b_1 und b_2 das **Infimum** ($\wedge$) als

$$(O_1, A_1) \wedge (O_2, A_2) = (O_1 \cap O_2, \sigma(O_1 \cap O_2)) \qquad (2.7)$$

sowie das **Supremum** ($\vee$) mittels

$$(O_1, A_1) \vee (O_2, A_2) = (\tau(A_1 \cap A_2), A_1 \cap A_2) \qquad (2.8)$$

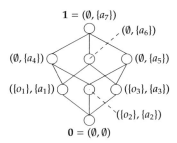

$1 = (\emptyset, \{a_7\})$

$(\emptyset, \{a_6\})$

$(\emptyset, \{a_4\})$

$(\emptyset, \{a_5\})$

$(\{o_1\}, \{a_1\})$

$(\{o_3\}, \{a_3\})$

$(\{o_2\}, \{a_2\})$

$0 = (\emptyset, \emptyset)$

Abbildung 2.6: Die Darstellung des Begriffsverbands als Hasse-Diagramm mit reduzierter Beschriftung

Mit anderen Worten, das Infimum beschreibt den Begriff, der die Menge der gemeinsamen Attribute zweier Objektmengen enthält, und das Supremum ist der Begriff, der die Menge der gemeinsamen Objekte zweier Attributmengen umfasst.

Um nun eine lesbare Darstellung zu erreichen, wird nur jeweils der Knoten im Begriffsverband mit einem Attribut $a \in \mathcal{A}$ annotiert, dessen entsprechender Begriff der größte Begriff bezüglich der $<$-Relation ist, dessen Inhalt a enthält. Entsprechend beschriftet man den Knoten mit einem Objekt $o \in O$, dessen korrespondierender Begriff der kleinste Begriff bezüglich der $<$-Relation ist, der das Objekt o im Umfang hat.

Der eindeutig bestimmte Knoten im Begriffsverband, der mit Attribut a beschriftet wird, ist also

$$\mu(a) = \bigvee \{b \in \mathcal{B}(K)|a \in Inhalt(b)\} = (\tau(a), \sigma(\tau(a))) \qquad (2.9)$$

und wird **Attributbegriff** zu a genannt. Der Knoten, der mit dem Objekt o markiert wird, ist

$$\gamma(o) = \bigwedge \{b \in \mathcal{B}(K)|o \in Umfang(b)\} = (\tau(\sigma(o)), \sigma(o)) \qquad (2.10)$$

und heißt **Objektbegriff** zu o.

Ein Graph, der diese Art der Beschriftung benutzt, heißt **reduziert**, die Beschriftung ist eine **reduzierte Bezeichnung**. Die vollständige Bezeichnung eines Knotens n kann aus der reduzierten Darstellung wieder hergeleitet werden: Der Umfang des Begriffs besteht aus allen Objekten an und unter n, der Inhalt aus den Attributen an und über n.

Beispielsweise entspricht dem Knoten aus Abbildung 2.6, der mit o_1 und a_1 beschriftet ist, der Begriff $b_4 = (\{o_1\}, \{a_1, a_4, a_6, a_7\})$. Aus praktischen Gründen verwende ich manchmal eine „halbreduzierte" Darstellung, d. h. es werden entweder alle Attribute oder alle Objekte redundant aufgeführt, während der jeweils andere Anteil der Begriffe mit der reduzierten Bezeichnung dargestellt wird.

2.3.2 Teilkontexte

Zur Verarbeitung großer Informationsmengen ist es manchmal ratsam, sich zunächst auf Teile der Gesamtinformation zu beschränken. Für Begriffsverbände heißt dies, dass nur Teile des Formalen Kontexts zur Berechnung herangezogen werden, um die Interpretation der Begriffsverbände leichter durchzuführen. Um in weiteren Schritten mehr Informationen bearbeiten zu können, braucht man Mittel, die es erlauben, bereits gewonnene Ergebnisse aus den Teilbereichen in die größeren Verbände zu übertragen.

Seien $K = (O, \mathcal{A}, \mathcal{I})$ und $K' = (O', \mathcal{A}', \mathcal{I}')$ zwei Kontexte, wobei $O' \subseteq O$, $\mathcal{A}' \subseteq \mathcal{A}$ und $\mathcal{I}' = \mathcal{I} \cap (O' \times \mathcal{A}')$. Dann heißt K' **Teilkontext** von K. Nun stellt sich die Frage, wie die Begriffsverbände eines Kontexts K und seines Teilkontexts K' zusammenhängen. Für den Fall, dass nur neue Attribute in den größeren Kontext aufgenommen werden, also der Kontext $K = (O, \mathcal{A}, \mathcal{I})$ und $K' = (O, \mathcal{A}', \mathcal{I} \cap O \times \mathcal{A}')$, lässt sich folgender Satz formulieren.

> **Satz** Sei K' ein Teilkontext von K. Dann ist jeder Umfang eines Begriffes aus $\mathcal{B}(K')$ auch Umfang eines Begriffes aus $\mathcal{B}(K)$. (2.11)

Den Beweis dieses Satzes kann man in Ganter und Wille (1996, S. 98, Hilfssatz 30) nachlesen. Entsprechendes gilt auch für das Hinzufügen von Objekten in einen Kontext. Die Bedeutung erschließt sich aus der Invariablität der Begriffsinhalte in den Diagrammen der Kontexte. Wenn man nämlich in einem Kontext einen interessanten Begriff gefunden hat, dann kann man in einem umschließenden Kontext diesen Begriff wiederfinden, und zwar mittels der Abbildung $\mathcal{B}(K') \to \mathcal{B}(K)$ (aus Ganter und Wille 1996, S. 98, Hilfssatz 31), definiert durch:

$$(O, A) \mapsto (O, \sigma(O)) \tag{2.12}$$

und dual dazu

$$(O, A) \mapsto (\tau(A), A) \tag{2.13}$$

	Teil 1				Teil 2		
	a_1	a_2	a_3	a_4	a_5	a_6	a_7
o_1	×			×		×	×
o_2		×		×	×		×
o_3			×		×	×	×

Abbildung 2.7: Die Aufteilung des Formalen Kontexts aus Abbildung 2.3 in zwei Teilkontexte

b'_1	$(\{o_1, o_2, o_3\}, \emptyset)$
b'_2	$(\{o_1\}, \{a_1, a_4\})$
b'_3	$(\{o_2\}, \{a_2, a_4\})$
b'_4	$(\{o_3\}, \{a_3\})$
b'_5	$(\{o_1, o_2\}, \{a_4\})$
b'_6	$(\emptyset, \{a_1, a_2, a_3, a_4\})$

b_0	$(\{o_1, o_2, o_3\}, \{a_7\})$
b_1	$(\{o_1, o_2\}, \{a_4, a_7\})$
b_2	$(\{o_1, o_3\}, \{a_6, a_7\})$
b_3	$(\{o_2, o_3\}, \{a_5, a_7\})$
b_4	$(\{o_1\}, \{a_1, a_4, a_6, a_7\})$
b_5	$(\{o_2\}, \{a_2, a_4, a_5, a_7\})$
b_6	$(\{o_3\}, \{a_3, a_5, a_6, a_7\})$
b_7	$(\emptyset, \{a_1, a_2, a_3, a_4, a_5, a_6, a_7\})$

Abbildung 2.8: Die Begriffe für den ersten Teil des Formalen Kontexts aus Abbildung 2.7 und den Gesamtkontext im Vergleich

Beispiel Teilt man den Formalen Kontext aus Abbildung 2.3 in zwei Teile wie in Abbildung 2.7 und analysiert zunächst den ersten Teil, so ergeben sich die Begriffe, die in Abbildung 2.8 in der linken Tabelle aufgelistet sind. Gemäß (2.12) kann man alle Umfänge der Begriffe auch im rechten Teil der Tabelle wiederfinden. So ist etwa *Umfang*(b'_5) = *Umfang*(b_1). Auch anschaulich bleibt die Struktur des ersten Begriffsverbandes erhalten, wie man in Abbildung 2.9 erkennen kann: Der Begriffsverband auf der linken Seite resultiert aus dem ersten Teil des Formalen Kontextes, rechts steht zum Vergleich der Begriffsverband für den Gesamtkontext.

Die Tatsache, dass ein Teilkontext auf diese spezielle Art im Zusammenhang mit dem Kontext steht, wird auch von Godin u. a. (1995) genutzt, um die Berechnung des Begriffsverbandes inkrementell durchzuführen. Auch bei der inkrementellen Anwendung der Merkmallokalisierung in Kapitel 7 werden diese Fakten genutzt.

2.3.3 Berechnung der Verbände

Aufwand Wie man leicht erkennen kann, wächst die Größe der Begriffsverbände (und damit der Aufwand zur Berechnung des Begriffsverbandes) im schlimmsten Fall in der Größenordnung der Berechnung aller Teilmengen von Potenzmen-

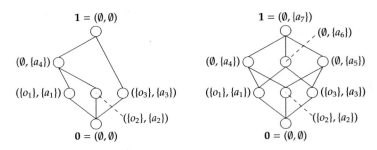

Abbildung 2.9: Der Verband für den ersten Teilkontext (links) und den Gesamtkontext (rechts) im Vergleich

gen und ist damit exponentiell. Diese Eigenschaft kann einen Algorithmus in der Praxis unbrauchbar machen. Glücklicherweise tritt dieser schlechteste Fall in der Praxis meist[2] nicht auf. Vielmehr hat sich gezeigt, dass sich die Begriffsanalyse und der Aufbau des Begriffsverbandes in der Regel etwa kubisch verhalten (siehe dazu Lindig 1999).

Wenn der Formale Kontext nur dünn besetzt ist, wachsen die Begriffsverbände nur noch quadratisch (siehe Lindig 2000). Schränkt man die Relation soweit ein, dass nur noch eine bestimmte Zahl k an Attributen je Objekt zugelassen wird, dann wächst der Begriffsverband in der Praxis sogar nur noch linear (mit einem konstanten Faktor, der von k abhängt), wie Godin u. a. (1995) theoretisch beweisen.

Ganters Algorithmus Anfangs stand mir das Begriffsanalysewerkzeug concepts zur Verfügung (eine freie Implementierung in C von Lindig 1998), das Lindig im Rahmen seiner Dissertation (Lindig 1999) implementiert hat. Das Werkzeug war sehr nützlich, bis der Wunsch aufkam, inkrementelle Analysen durchzuführen. Diese Anforderung wird von concepts aber nicht unterstützt.

Godins Algorithmus Godin u. a. (1995) stellen einen Algorithmus zur Berechnung der Begriffsverbände vor, der einen Begriffsverband inkrementell aufbaut. Dazu wird ein anfänglich leerer Begriffsverband zeilen- oder spaltenweise mit

---

[2]Als Nachtrag sei hier angemerkt, dass Koschke und Quante (2005) von einem nicht mehr handhabbaren Wachstum der Begriffsverbände in einer Fallstudie berichten, die nach Abschluss dieser Arbeit durchgeführt wurde. Die Ursachen „der Begriffsexplosionen" bedürfen noch einer näheren Untersuchung, um festzustellen, in welchen Fällen die Berechnung der Verbände nicht mehr durchführbar wird.

dem Formalen Kontext befüllt und dabei werden in jedem Schritt die notwendigen Anpassungen am Begriffsverband durchgeführt.

Das Hasse-Diagramm fällt bei diesem Algorithmus als Nebenprodukt ab. Die Berechnung der Objekt- und Attributbegriffe kann bereits während des Aufstellens des Begriffsverbandes durchgeführt werden.

Implementierung Ich habe beide Algorithmen prototypisch implementiert. Auf Grund der Eigenschaften des Algorithmus von Godin lässt sich bei diesem leicht noch die Information gewinnen, die für inkrementelle Analysen wichtig ist: Jeder Schritt des Algorithmus identifiziert direkt die Änderungen im Begriffsverband. Dieses Markieren der Änderungen erleichtert es dem Benutzer der Verbände erheblich, die entstandenen Veränderungen im Verband nachzuvollziehen. Aus diesem Grund nutze ich die Implementierung des Algorithmus von Godin, um im Folgenden die Begriffsverbände zu berechnen.

2.4 Zusammenfassung

In diesem Kapitel habe ich die Grundlagen für die nachfolgenden Überlegungen und Techniken geschaffen. Im Abschnitt 2.1 ist die notwendige Terminologie aufgeführt, und Abschnitt 2.2 fasst die technischen Grundlagen für die Umsetzung der Merkmallokalisierung zusammen. Die mathematischen Grundlagen der Formalen Begriffsanalyse sind, soweit sie für das Verständnis der Merkmallokalisierung notwendig sind, in Abschnitt 2.3 in knapper Form wiedergegeben. Mit den Informationen aus diesem Kapitel gewappnet, kann der Hauptteil der Arbeit in Kapitel 4 angegangen werden.

Kapitel 3

Verwandte Arbeiten

> *"The Bible tells us to love our neighbors, and also to*
> *love our enemies; probably because they are generally*
> *the same people."*
> *– G.K. Chesterton*

Dieses Kapitel fasst Forschungsarbeiten auf den Gebieten der Merkmallokalisierung und der Anwendung der Formalen Begriffsanalyse im Reengineering zusammen.

Überblick Die verwandten Arbeiten habe ich in drei Abschnitte entsprechend ihrer Hauptausrichtung unterteilt. In Abschnitt 3.1 werden die Arbeiten beschrieben, die sich auf unterschiedliche Art mit Merkmallokalisierung befassen. In Abschnitt 3.2 diskutiere ich die beiden Arbeiten, die dynamische Information aus Programmen mit Hilfe der Formalen Begriffsanalyse bearbeiten. Schließlich habe ich in Abschnitt 3.3 die 18 Forschungsarbeiten zusammengefasst, die die Begriffsanalyse mit statischer Information benutzen, um Erkenntnisse über Programme zu erlangen.

Zur Abgrenzung meiner Merkmallokalisierung gegen die Arbeiten, die in den Abschnitten 3.1 und 3.2 vorgestellt werden, habe ich in Anhang A die Unterschiede im Detail herausgearbeitet.

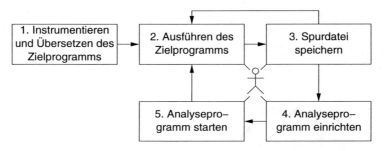

Abbildung 3.1: Der Ablauf der Software Reconnaissance nach Lukoit u. a. (2000)

3.1 Merkmallokalisierung

Die Suche nach der Implementierung von Merkmalen wurde erstmals 1992 von Wilde u. a. unter dem Begriff **Software Reconnaissance** als Thema der Forschung aufgegriffen. Die Arbeiten von Wilde u. a. basieren ebenso wie die von Wong u. a. (1999) auf einer dynamischen Analyse des Programms. Einen rein auf statischen Informationen basierten Ansatz verfolgen dagegen Chen und Rajlich (2000) mit der Suche auf dem Programmabhängigkeitsgraphen. Im Folgenden habe ich die verschiedenen Arbeiten zusammengefasst.

3.1.1 Software Reconnaissance

Die ersten, die die Suche nach Merkmalen im Quellcode aufgriffen, sind Wilde und Kollegen in einer Reihe von Arbeiten Wilde u. a. (1992), Wilde und Scully (1995), Wilde und Casey (1996) sowie Lukoit u. a. (2000). Bei der **International Conference on Software Maintenance** 2002 erhielt Wilde für diese Arbeit den Preis „Most influential paper of ICSM 1992". Das vorrangige Ziel der **Software Reconnaissance** ist die Lokalisierung von Startpunkten für weitergehende Analysen; daher konzentriert sich die Berechnung hier auch auf die Ermittlung der spezifischen Berechnungseinheiten für einzelne Merkmale. Das Verhältnis von Merkmalen zueinander wird nicht weiter untersucht.

Die Software Reconnaissance fußt rein auf dynamischer Information und bedient sich keiner weiteren statischen Analyse der Programmquellen. Wilde verwendet zur Lokalisierung der Merkmale dynamische (also zur Laufzeit gewonnene) Spuren des Programmablaufs zum Aufbau von Mengen von Berechnungseinheiten. Der Ablauf der Merkmalanalyse ist in Abbildung 3.1 skizziert und verläuft wie folgt: Zunächst wird das zu untersuchende Zielprogramm so instrumentiert, dass die Laufzeitinformation gewonnen werden kann (1). Im Anschluss wird das erzeugte ausführbare Programm gestartet und gemäß einem festgelegten Testfall benutzt (2). Dabei wird durch die Instrumentierung eine Spurdatei erzeugt, die als Datenbasis gespeichert wird (3). Hat man die Laufzeitinformation für einen Programmlauf erzeugt, richtet man das Analyseprogramm ein (4), indem man die Merkmale angibt, die zu den jeweiligen Spurdateien gehören, und startet es mit den Laufzeitdaten (5). Die Schritte 2–5 von der Ausführung bis zur Analyse des Programms können dann nach Bedarf wiederholt werden.

Basierend auf der Ausführung dieser Reihe von Testfällen, die ein bestimmtes Merkmal m abdecken oder auch nicht abdecken, werden die Berechnungseinheiten in mehrere Klassen in Bezug auf das Merkmal eingeteilt:

- Berechnungseinheiten $CCOMPS$ (*common*), die **immer** beteiligt sind (d.h. in allen Testfällen, ohne Rücksicht auf Merkmal m),

- Berechnungseinheiten $ICOMPS(m)$ (*potentially involved*), die **möglicherweise** an Merkmal m beteiligt sind (in mindestens einem Testfall, der Merkmal m anstößt, wurde dieser Programmteil ausgeführt),

- Berechnungseinheiten $IICOMPS(m)$ (*indispensably involved*), die **notwendigerweise** an Merkmal m beteiligt sind (also Programmteile, die in allen das Merkmal m betreffenden Testfällen zur Ausführung kommen) und

- Berechnungseinheiten $UCOMPS(m)$ (*uniquely involved*), die an Merkmal m **ausschließlich** beteiligt sind (genau in den Testfällen, in denen Merkmal m angestoßen wird, werden auch diese Teile des Programms ausgeführt).

Von diesen Kategorien wird insbesondere die letzte als Startpunkt für ein opportunistisches Programmverstehen gesehen. Aus den vier genannten Kategorien lassen sich zwei weitere für das Programmverstehen interessante Kategorien ableiten:

- Berechnungseinheiten $RCOMPS(m)$ (*relevant*), die definiert sind als Differenz von

$$RCOMPS(m) = IICOMPS(m) \setminus CCOMPS$$

- Berechnungseinheiten $SHARED(m)$ (*shared*), die definiert sind als

$$SHARED(m) = IICOMPS(m) \setminus UCOMPS(m) \setminus CCOMPS$$

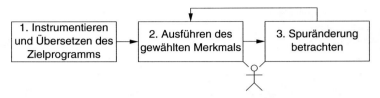

Abbildung 3.2: Die Verwendung von TraceGraph nach Lukoit u. a. (2000)

Die Idee, bei der dynamischen Analyse Spuren zu verwenden, führt bei der Wahl sehr feinkörniger Berechnungseinheiten (wie etwa Grundblöcken oder gar einzelnen Anweisungen der Implementierungssprache) zu erheblichen Problemen mit der entstehenden Datenmenge. Die Spuren erhalten zwar die Information, in welcher Reihenfolge die Berechnungseinheiten benutzt werden, dafür entstehen aber nicht mehr handhabbare Datenmengen. Inwiefern die Reihenfolge in späteren Analyseschritten wieder nutzbringend herangezogen werden kann, ist offen.

Zur Behandlung der großen Datenmengen wird deshalb auch in Lukoit u. a. (2000) ein interaktives Vorgehen vorgeschlagen, bei dem der Wartungsprogrammierer „online" auf Veränderungen in den Programmspuren reagieren kann. Das Vorgehen ist in Abbildung 3.2 skizziert.

Ein Abgleich von dynamischer Information mit statischen Daten über das Programm findet nicht statt. Damit sind die Ergebnisse der Analyse nur korrekt in Bezug auf die Menge der Tests, denen das Programm unterzogen wurde. Merkmale, die untersucht werden sollen, müssen für den Benutzer direkt zugänglich sein: Er muss sie explizit ein- oder ausschalten können. Die Merkmale werden untereinander nicht in Bezug gesetzt; die Betrachtung einzelner Merkmale steht im Vordergrund.

Die Software Reconnaissance wird von Gear u. a. (2005) eingesetzt, um auf der Basis der *SHARED*-Mengen mit statischen Analysen kombiniert Kandidaten für wiederverwendbare Komponenten in Altsystemen zu identifizieren.

3.1.2 Dependency Graph Search

Eine auf rein statisch aus dem Programm abgeleiteter Information basierende Suche nach Merkmalen wurde von Chen und Rajlich (2000) als **Dependency Graph Search** (DGS) vorgestellt. Die vorgeschlagene Analyse ist eine halbautomatische rechnergestützte Suche durch den Wartungsingenieur auf dem **Abstract System Dependence Graph** (ASDG), der in Kapitel 2.2.2 vorgestellt wurde.

Die Analyse erfordert zunächst den Aufbau des ASDG für das zu untersuchende System. Danach wird in jedem Schritt der Suche ein Knoten des ASDG besucht. Jeder besuchte Knoten und die Nachbarn dieser Knoten bilden den **Suchgraphen**. Zu Beginn der Suche enthält der Suchgraph die Startkomponente (z. B. die main-Routine eines C-Programms); jeder Besuch eines Knotens erweitert den Suchgraphen. Das Besuchen von Knoten wird solange wiederholt, bis alle Komponenten gefunden wurden, die mit dem Merkmal zu tun haben.

Der Wartungsingenieur muss bei diesem Prozess Entscheidungen treffen, um die Suche nach Komponenten zu steuern. Unter anderem muss er den Startknoten (also die Repräsentation der entsprechenden Startkomponente) selbst festlegen. In jedem Schritt muss er entscheiden, welchen Knoten er untersuchen will und ob dieser Knoten für das Merkmal relevant ist oder nicht. Im Anschluss an die Untersuchung eines Knotens muss er prüfen, ob die Suche nun (vorläufig) abgeschlossen werden kann oder ob er weitere Knoten untersuchen will.

Die verschiedenen Aktionen, die der Wartungsingenieur auf dem Suchgraphen und dem ASDG ausführt, laufen werkzeugunterstützt ab. Chen und Rajlich schlagen mehrere Strategien zur Erweiterung des Suchgraphen vor. Einerseits sind dies aufrufgraphbasierte Top-Down- oder Bottom-Up-Ansätze, andererseits datenflussorientierte Vorwärts- und Rückwärtssuche. Das Verfahren ist in Abbildung 3.3 skizziert.

Durch das Wechselspiel Mensch-Maschine ist es möglich, auch nicht quellcodebasiertes Wissen mit in die Analyse einfließen zu lassen. So kann etwa ohne weiteren technischen Aufwand die Dokumentation der Altsoftware genutzt werden (so sie denn verfügbar ist und korrekt den Stand der Dinge widerspiegelt). Der Nachteil dieses Vorgehens ist der erhebliche Arbeitsaufwand, der dem Menschen zufällt. Der Mensch wird zwar vom Computer bei der Navigation und der Verwaltung der Graphen unterstützt, ist andererseits aber völlig auf sich allein gestellt, wenn es darum geht, Information zu sammeln und Entscheidungen zu treffen.

Eine offene Frage ist der Einfluss von Funktionszeigeraufrufen auf die Qualität des ASDG einerseits und andererseits die Möglichkeiten des Menschen bei der aufrufgraphbasierten Suchstrategie, auf solche Aufrufe zu reagieren.

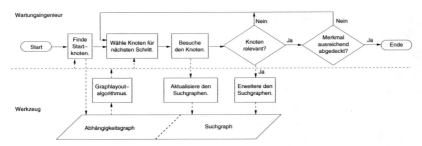

Abbildung 3.3: Dependency Graph Search: Merkmallokalisierung als rechnergestützte Suche auf dem ASDG nach Chen und Rajlich (2000)

3.1.3 Vergleich von Software Reconnaissance und DGS

In Wilde u. a. (2001, 2003) führen Wilde und Rajlich eine Fallstudie zum Vergleich von Software Reconnaissance, Dependency Graph Search und grep (GNU grep 2002) durch. Das untersuchte Programm ist in Fortran implementiert, hat etwa 2,5 KLOC und ist nach Angaben der Autoren schlecht strukturiert. Um den Vergleich der Techniken zu realisieren, lassen Wilde u. a. drei Gruppen von Personen mit jeweils einer der drei Techniken zwei Merkmale suchen und verändern. Als tendenzielles (nicht repräsentatives) Ergebnis stellen sie die Vor- und Nachteile der jeweiligen Techniken zusammen.

Wenig verwunderlich ist, dass grep im Sinne der Tauglichkeit für die Aufgabe der Merkmallokalisierung nur eingeschränkt brauchbare Ergebnisse erzielt. Andererseits ist der Vorteil von grep die Verfügbarkeit von Werkzeugen, und gerade wegen seiner Einfachheit ist grep für simple Aufgaben schnell. Da man mit dem Einsatz von grep keine Zeit verliert, eignet sich dieser Ansatz durchaus für „Schnellschüsse". Die Vorteile der DGS sind zum Einen, dass es kaum Einschränkungen gibt, die den Einsatz der Technik verhindern, da der Wartungsingenieur sein Wissen über das Programm beisteuern kann. Durch die Suche wird das Verständnis des Kontextes eines Merkmals ermöglicht. Nachteilig ist, dass sich die Suche sehr umfangreich und zeitraubend gestalten kann. Am besten geeignet scheint die DGS für gut modularisierte und strukturierte Programme. Der wegen des Zurückgreifens auf Kontextwissen hohe Zeitaufwand für die DGS ist am besten zu vertreten, wenn es sich um Programme handelt, die man bereits einigermaßen kennt (weil sie häufig geändert werden), oder solche, welche man ohnehin gänzlich verstehen muss.

Die Software Reconnaissance schließlich fokussiert die Suche nach Merkmalen rasch auf einen kleinen Teil der Programmquellen. Dabei ist es aber nur möglich, funktionale Merkmale, die durch Eingaben kontrolliert werden können, zu finden. Software Reconnaissance empfiehlt sich deshalb für Code, der sich lokal gut verstehen lässt. Sie kann effizient eingesetzt werden an großen Programmen, die sich selten ändern und über die man deshalb weniger Kontextwissen hat als im Vergleich zu den mit der DGS untersuchten Programmen. Da sich die Fallstudie auf Fortran-Artefakte beschränkt, werden keine Aussagen in Bezug auf Schwierigkeiten bei der Verwendung von Zeigervariablen wie in C oder C++ getroffen.

3.1.4 Execution Slicer

Wong, Gokhale, Horgan und Trivedi (1999) stellen eine weitere dynamische Analyse zur Lokalisierung von Merkmalen vor. Im Unterschied zu Wilde und Scully (1995) verwenden Wong u. a. (1999) so genannte **execution slices**, die den Programmprofilen aus Kapitel 2.2 entsprechen. Über die dynamisch ermittelte Kontrollflussinformation hinaus integriert die Analyse zusätzliche durch den Programmablauf ausgelöste Datenflussinformationen in die execution slices. Ein Abgleich der dynamischen Daten mit statischer Information wird nur in Form von statischen Slices angedacht.

Wie bei Wilde und Scullys Arbeit wird auch hier das zu untersuchende Programm zunächst mit Hilfe von Werkzeugen instrumentiert und in ausführbare Form gebracht. Das instrumentierte Programm protokolliert bei seiner Ausführung erstens die ausgeführten Komponenten (die hier sehr feingranular verfolgt werden) und zweitens die Verwendung von Prädikaten und Variablen.

Um die Spurdaten zu gewinnen, müssen Testfälle gefunden werden, die bestimmte Merkmale abdecken, und solche, die das Merkmal nicht abdecken. Die Analyse der Spurdaten, die eine bestimme Funktionalität implementieren, verläuft dann wie folgt:

1. Die **aufrufende Eingabemenge** I (I für **including**) für ein Merkmal wird bestimmt (Testfälle, die das Merkmal abdecken).

2. Die **ausschließende Eingabemenge** E (E für **excluding**) für ein Merkmal wird bestimmt (Testfälle, die das Merkmal nicht anstoßen).

3. Das Programm wird gemäß den Testfällen ausgeführt, indem einmal *I* und einmal *E* getrennt voneinander benutzt werden.

4. Die erzeugten execution slices werden mit Hilfe von Heuristiken analysiert und ergeben Programmteile, die nur für ein Merkmal benutzt werden.

Eine weitere Heuristik, die auf der Annahme basiert, dass gemeinsamer Code von mehreren Merkmalen auch gemeinsam ausgeführt wird, lässt durch den Vergleich der von verschiedenen Merkmalen benutzten Programmkomponenten auf Programmteile schließen, die von mehreren Merkmalen gemeinsam benutzt werden. Die Merkmale, die untersucht werden können, sind wie bei Wilde auf funktionale, vom Benutzer kontrollierbare Merkmale ausgerichtet.

Wong u. a. führen ihre Methode an einer Fallstudie vor, die ein C-Programm in der Größe von ca. 35 KLOC untersucht, und kommen zu dem Ergebnis, dass ihre Arbeit schnell auf einen kleinen Teil des Quelltextes fokussiert. Angaben über die erzeugten Datenmengen werden nicht gemacht.

Quantifizierung

Ergänzend zu den Arbeiten von Wilde und Scully (1995) und sich selbst bieten Wong u. a. (2000) Metriken an, die helfen sollen, Programmteile in Bezug auf Merkmale zu quantifizieren.

Es werden drei Metriken auf der Basis von (Grund-)Blöcken definiert. Blöcke von Merkmal *m* bezeichnet dabei die Blöcke, die ausgeführt werden, wenn Merkmal *m* verwendet wird und Blöcke von Programmeinheit *p* die Blöcke, aus denen *p* zusammengesetzt ist.

1. $disp(p, m)$ misst die „Distanz" (**disparity**) eines Merkmals *m* von einer Berechnungseinheit *p* mittels

$$disp(p, m) = \frac{\#\text{Blöcke von } p + \#\text{Blöcke von } m - \#\text{gemeinsame Blöcke von } p \text{ und } m}{(\#\text{Blöcke } p + \#\text{Blöcke } m)}$$

2. $conc(m, p)$ misst die Konzentration (**concentration**) eines Merkmals *m* in einer Berechnungseinheit *p* mittels

$$conc(m, p) = \frac{\#\text{gemeinsame Blöcke von } p \text{ und } m}{\#\text{Blöcke von } m}$$

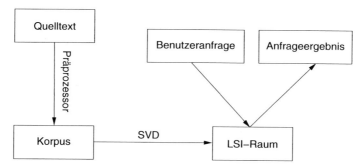

Abbildung 3.4: Der Programmkonzept-Lokalisierungsprozess mittels LSI nach Marcus u. a. (2004)

3. $dedi(p, m)$ misst den Anteil einer Berechnungseinheit p, der einem Merkmal m gewidmet ist (**dedication**), mittels

$$dedi(p, m) = \frac{\#\text{gemeinsame Blöcke von } p \text{ und } m}{\#\text{Blöcke von } p}$$

Merkmale untereinander werden nicht vermessen. Alle Metrikwerte sind normalisiert und werden auf Grund von Grundblöcken ermittelt, die wiederum in umschließenden Programmkomponenten zusammengefasst sind.

Um die Metriken zu berechnen, werden zunächst alle Berechnungseinheiten p in ihre Grundblöcke zerlegt. Dann wird aus einer dynamischen Analyse ermittelt, welche Grundblöcke zu einem Merkmal m beitragen. Die Metriken ergeben sich dann aus den Verhältnissen der ausgeführten und nicht ausgeführten Grundblöcke je Berechnungseinheit p.

3.1.5 Latent Semantic Indexing

Einen ganz anderen statischen Ansatz verfolgt die Arbeit von Marcus u. a. (2004). Die Autoren verwenden **Latent Semantic Indexing** (LSI), eine Methode aus dem Information Retrieval, wie sie auch bei Internet-Suchmaschinen (unter anderem auch www.google.com) eingesetzt wird, zur Suche nach Programmkonzepten in Programmen.

Der Prozess ist in Abbildung 3.4 skizziert. Zunächst wird der Quelltext mit Hilfe eines Präprozessors vorbereitet: Bezeichner und Kommentare werden extrahiert, Bezeichner in Teilworte zerlegt und die Granularität von so genannten

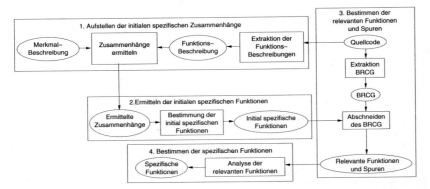

Abbildung 3.5: Der Prozess beim SNIAFL-Ansatz zur Lokalisierung von Merkmalen nach Zhao u. a. (2004)

Dokumenten festgelegt. Für prozedurale Programme bildet jede Routine ein Dokument und alle Deklarationsblöcke pro Datei bilden ein weiteres Dokument. Die Gesamtmenge der Dokumente bildet den **Korpus**, aus dem dann mittels der Indizierungsfunktion **Single Value Decomposition** (SVD) der **LSI-Raum** aufgebaut wird. Im LSI-Raum besitzt jedes eingetragene Dokument einen Wertevektor, über den für alle Dokumente ein Ähnlichkeitsmaß definiert ist.

Die Suche nach Programmkonzepten kann dann im Anschluss als natürlichsprachliche oder auch programmiersprachliche Anfragen formuliert werden. Dazu werden diese Anfragen als weitere Dokumente aufgefasst und ähnliche Dokumente aus dem LSI-Suchraum als Anfrageergebnis zurückgeliefert.

Im Vergleich zur DGS hat die LSI-Methode den Vorteil, dass das Verarbeiten der Programmquellen sehr einfach ist. Marcus u. a. haben einen gemeinsamen Präprozessor für C, C++ und Java implementiert. Abhängigkeiten unter den Funktionen, die sich aus der Semantik der Programmiersprache ergeben, werden von der LSI-Methode aber nicht erfasst; sinnvoll gewählte Bezeichner und Kommentare sind wesentlich, da sonst die Ähnlichkeit der Dokumente nicht gefolgert werden kann.

3.1.6 SNIAFL

In der Arbeit von Zhao u. a. (2004) wird ein Ansatz **Static Non-Interactive Approach to Feature Location** (SNIAFL) zur Lokalisierung von Merkmalen vorgeschlagen, der ohne menschliche Interaktionen auskommt. Auch in dieser Arbeit werden wie bei Marcus u. a. (2004), um die grundlegenden Beziehungen zwischen Merkmalen und Programmeinheiten zu untersuchen, Methoden aus dem Bereich des Information Retrieval (IR) herangezogen.

Ziel von SNIAFL ist die Lokalisierung von spezifischen und relevanten Programmeinheiten. Der SNIAFL-Prozess ist in Abbildung 3.5 skizziert und geht in den folgenden vier Schritten vor. Zunächst werden im ersten Schritt die spezifischen Zusammenhänge zwischen Merkmalen und Funktionen ermittelt. In diesem Schritt kommt das IR zum Einsatz, um die Information zu filtern und die Verbindungen zwischen Merkmalen und Funktionen zu etablieren. Dazu müssen die Merkmale natürlichsprachlich beschrieben sein und die zugehörigen Programmeinheiten sollten „sinnvolle" Bezeichner haben. Auch bei dieser Methode kommen Ungenauigkeiten durch die Unschärfen des IR in die Ergebnisse (dieser erste Schritt ist dem Vorgehen von Marcus u. a. (2004) ähnlich).

Im zweiten Schritt werden die Funktionen in Bezug auf die Merkmale anhand der Ergebnisse des IR bewertet und eine initiale Menge an spezifischen Funktionen bestimmt. Im dritten Schritt werden die relevanten Funktionen und die möglichen Ausführungsspuren mit Hilfe des Branch-Reserving Call Graphs[1] (BRCG) ermittelt. Im vierten und letzten Schritt werden die relevanten Funktionen überprüft, um die Ergebnismenge an spezifischen Funktionen zu berechnen. Alle Schritte des Prozesses sind voll automatisiert und benötigen keine Benutzerinteraktion.

3.2 Begriffsanalyse und dynamische Information

Die folgenden Arbeiten haben mit der Merkmallokalisierung zunächst gemeinsam, dass sie sowohl die Formale Begriffsanalyse einsetzen als auch den dabei analysierten Kontext aus dynamischer Information aufbauen. Die unterschiedlichen Zielsetzungen der Arbeiten von Ball bzw. Bojic und Velasevic schlagen sich dann in der Interpretation des Begriffsverbandes und der Verwendung der daraus gewonnenen Ergebnisse nieder.

---

[1]Der Branch-Reserving Call Graph ist eine Erweiterung des statischen Aufrufgraphen um Pfadinformation und Aufrufreihenfolgen.

CCA	Formale Begriffsanalyse
Testfall t	Objekt o
Berechnungseinheit p	Attribut a
p „wird abgedeckt von" t	Inzidenzrelation $\mathcal{I}$
$\gamma(t)$	Objektbegriff $\gamma(o)$
$\mu(p)$	Attributbegriff $\mu(a)$

Abbildung 3.6: Die Instantiierung der Formalen Begriffsanalyse bei der Coverage Concept Analysis aus Ball (1999)

3.2.1 Coverage Concept Analysis

Ball ist der erste, der die Formale Begriffsanalyse auf dynamische Information anwandte. In Ball (1999) werden zwei verschiedene Techniken zur Analyse dynamischer Information vorgestellt.

Einerseits untersucht er die Möglichkeit, wie man mittels **Program Spectrum Analysis** die Häufigkeit der Aufrufe von Programmeinheiten zur Laufzeit ausnutzen kann, um ein Programm zu zerlegen und in Zusammenhang stehende Teile zu finden. Auf diesen Teil der Arbeit gehe ich hier nicht weiter ein. Andererseits wird **Coverage Concept Analysis** (CCA) verwendet, um Programmtests zu untersuchen und Hinweise zu erhalten, wo und wie Code noch besser getestet werden kann. Hierzu muss das Programm instrumentiert werden, um ein Abdeckungsprofil zu erhalten.

Ball zielt darauf ab, dynamische Entsprechungen zu statischen Kontrollflussbeziehungen wie Dominanz und Regions zu berechnen. Dazu wird die Formale Begriffsanalyse wie folgt instantiiert. Die Objekte der Begriffsanalyse entsprechen den Tests, mit denen das Programm ausgeführt wird; die Attribute werden durch die abgedeckten Programmeinheiten dargestellt. Die Relation ist die „wird abgedeckt"-Relation. Der Zusammenhang mit der Begriffsanalyse, wie sie in Kapitel 2 vorgestellt wird, ist in Abbildung 3.6 zusammengefasst.

Die Begriffe des berechneten Verbandes für eine Menge von Tests liefern dann Information über dynamische Kontrollflussimplikation: Falls die Berechnungseinheit p_1 in einem Begriff zu finden ist, der größer ist als der einer Berechnungseinheit p_2, dann impliziert die Ausführung von p_2 dynamisch die Ausführung von p_1. Ist für die Berechnungseinheiten p_1 und p_2 aber derselbe Begriff b der Attributbegriff (in Formeln: $\mu(p_1) = \mu(p_2)$), dann sind die Berechnungseinheiten p_1 und p_2 in der gleichen **dynamischen Region**.

URCA-Methode	Formale Begriffsanalyse
Methode m	Objekt o
Use-Case u	Attribut a
m „implementiert" u	Inzidenzrelation I
Methoden-Begriff $\gamma(m)$	Objektbegriff $\gamma(o)$
Use-Case-Begriff $\mu(u)$	Attributbegriff $\mu(a)$

Abbildung 3.7: Die Instantiierung der Formalen Begriffsanalyse bei der URCA-Methode aus Bojic und Velasevic (2000a)

Diese Fakten lassen sich nun zur Entwicklung von neuen Tests verwenden, wenn man noch statische Dominanz- und Regioninformation aufnimmt. Falls nämlich

1. die Berechnungseinheit p_2 die Ausführung von Berechnungseinheit p_1 dynamisch impliziert, nicht jedoch statisch; oder

2. die Berechnungseinheiten p_1 und p_2 in der gleichen dynamischen Region sind, sich aber in verschiedenen statischen Regionen befinden,

dann kann möglicherweise ein Test gefunden werden, der Berechnungseinheit p_2 abdeckt, ohne p_1 abzudecken. Falls umgekehrt Berechnungseinheit p_2 die Ausführung von Berechnungseinheit p_1 statisch impliziert oder Berechnungseinheit p_2 und Berechnungseinheit p_1 in derselben statischen Region[2] sind, dann kann es keinen Test geben, der Berechnungseinheit p_2 abdeckt, ohne p_1 abzudecken.

3.2.2 URCA

In Bojic und Velasevic (2000a, b, 2001) wird die Formale Begriffsanalyse mit dynamischer, durch Profiling gewonnener Information genutzt, um Kollaborationen in UML aus Quelltext wieder zu gewinnen und mit der „Logical View" der UML zu verbinden. Die folgenden Ausführungen basieren auf Bojic und Velasevic (2000a), da diese Arbeit die am einfachsten zugängliche Veröffentlichung ist und in den anderen Publikationen keine wesentlichen Neuerungen mehr enthalten sind.

Die Methode **Use-Case Driven Design Recovery by means of Formal Concept Analysis** (URCA) ist beschränkt auf objektorientierte Systeme und basiert auf Use-Cases im Sinne der UML (Rumbaugh u. a. 1999). Sie zielt darauf ab,

---

[2]Zwei Berechnungseinheiten e und f sind in einer statischen Region, wenn f von e dominiert wird und umgekehrt e von f postdominiert wird.

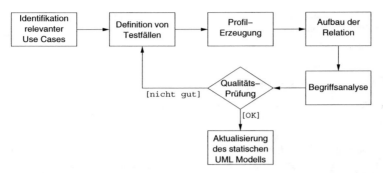

Abbildung 3.8: Das Vorgehen bei der URCA-Methode nach Bojic und Velasevic (2000a)

das statische UML-Modell des Systems anhand der Use-Case-Information zu restrukturieren. In Abbildung 3.7 ist die Verwendung der Formalen Begriffsanalyse zusammengefasst.

Das Vorgehen bei der URCA-Methode ist in Abbildung 3.8 skizziert. Im ersten Schritt wird bei der URCA-Methode die Menge U aller Use-Cases identifiziert, die untersucht werden sollen. Zu jedem Use-Case müssen Tests t angegeben werden, die den Use-Case abdecken und zur Profilerzeugung herangezogen werden. Im Folgenden bezeichne T die Menge aller Tests, die zur Gewinnung der Profile benutzt werden. Nachdem durch Ausführen des Systems die Profile vorhanden sind, wird auf Grundlage dieser Profile die Relation *implements* aufgebaut, mit der nun die Begriffsanalyse durchgeführt wird. Der entstandene Verband wird anschließend anhand seiner Topologie einer Qualitätsprüfung unterzogen. Ist die Qualität für die weiteren Untersuchungen nicht ausreichend, können noch weitere Testfälle definiert und der Begriffsverband mit den zusätzlichen Profilen erneut generiert werden. Bei zufriedenstellender Qualität kann das statische UML-Modell des Systems anhand des Verbands aktualisiert werden.

Die *implements*-Relation   Bezeichnet M die Menge aller Methoden und Klassenfunktionen des Systems, so kann die *implements*-Relation folgendermaßen definiert werden. Die *implements*-Relation stützt sich auf die Relationen *covers* und *executes*:

$$t \text{ covers } u :\Leftrightarrow \text{ Test } t \text{ deckt Use-Case } u \text{ ab.}$$

Die *covers*-Relation muss vom Benutzer angegeben werden.

t executes m :⇔ Test *t* führt Methode *m* aus.

Die *executes*-Relation hingegen wird automatisiert durch Profiling gewonnen. Die *implements*-Relation ist nun folgendermaßen definiert:

$$m \text{ implements } u :\Leftrightarrow (\exists t \in T : t \text{ executes } m) \wedge (\forall t \in T : t \text{ executes } m \Rightarrow t \text{ covers } u)$$

Aktualisierung des statischen UML-Modells Bojic und Velasevic extrahieren außer der dynamischen Profilinformation auch noch das statische UML-Modell des Systems. Dieses UML-Modell soll anhand des Begriffsverbandes umstrukturiert werden.

Dazu wird der Begriffsverband auf Paketstrukturen der UML abgebildet. Nach Bojic und Velasevic korrespondiert jeder Use-Case-Begriff mit der Kollaboration (der Use-Case-Realisierung) des entsprechenden Use-Cases.

Zunächst wird aus dem Verband das 0-Element entfernt. Dann wird für jeden Begriff im Verband außer den Blättern (das sind die Atome des Verbandes) in der Logical View der UML ein Package eingeführt. Die <-Relation des Verbands entspricht der Enthaltenseins-Relation der Pakete. Hat ein Begriff mehrere direkte Oberbegriffe, muss das Paket einem der Elternpakete zugeteilt werden. Die Pakete, die den anderen Oberbegriffen entsprechen, erhalten Referenzen auf das Kindpaket. Pakete, die Use-Case-Begriffen entsprechen, erhalten als Name die jeweiligen Use-Case-Namen. Die Zuteilung der Klassenmethoden zu den Paketen folgt der Aufteilung in Methoden-Begriffe; Klassen selbst werden den Paketen zugeteilt, deren korrespondierender Begriff die meisten Methoden enthält.

Aus diesen Überlegungen folgt sofort, wie der ideale Begriffsverband für die URCA-Methode aussieht: Nach Entfernen von 1- und 0-Element sollte der Verband in einen Wald zerfallen, also möglichst horizontal zerlegbar sein.

3.3 Begriffsbasierte Analyse statischer Information

Die Formale Begriffsanalyse wird seit Anfang der 1990er Jahre verstärkt im Bereich der Softwareentwicklung als Methode zur Analyse vorhandener Fakten eingesetzt. Abbildung 3.9 enthält einen Überblick über die wichtigsten Arbeiten im Bereich der Software-Wartung, die die Formale Begriffsanalyse zur Aufberei-

Quelle	Inkrementell	Konfiguration	Klassen/Bibliotheken	Migration	Remodularisierung	Partitionen	Laufzeit
Godin u. a. (1994, 1995, 1998)	×		×			×	×
Snelting (1994, 1995, 1996)		×					
Lindig und Snelting (1997)					×		
Lindig (1999)			×				×
Snelting und Tip (1998, 2000)			×				
Siff und Reps (1997, 1999); Siff (1998)				×		×	
Graudejus (1998)				×		×	
Sahraoui u. a. (1997)				×			
Van Deursen und Kuipers (1999)				×			
Kuipers und Moonen (2000)				×			
Tonella (2001)					×	×	

Abbildung 3.9: Anwendungen der Formalen Begriffsanalyse im Bereich des Re- und Reverse Engineering von Software. Die Hauptaspekte, die Einfluss auf meine Arbeit haben, sind in den Spalten eingetragen.

tung von statischer Information nutzen. Einen weitergehenden Überblick über Anwendungen der Formalen Begriffsanalyse im gesamten Umfeld der Software-Entwicklung bietet Tilley u. a. (2003).

Selbstverständlich kann auch die in Abbildung 3.9 dargestellte Relation wieder als Eingabe für die Formale Begriffsanalyse aufgefasst werden. Der resultierende Begriffsverband ist in Abbildung 3.10 zu sehen. Im Rest dieses Abschnitts gehe ich nun kurz auf die wichtigen Teile dieser Arbeiten ein, sofern sie für meine Merkmallokalisierung von Bedeutung sind.

Inkrementelle Anwendung In Godin u. a. (1994) werden Begriffsverbände benutzt, um einerseits vorhandene indizierte Datenstrukturen zu navigieren und andererseits aus diesen Datenstrukturen neue Abstraktionen abzuleiten.

In Godin u. a. (1998) wird beschrieben, wie sich Begriffsanalysetechniken zum Entwurf und zur Wartung von Klassenhierarchien nutzen lassen. Durch ein inkrementelles Vorgehen können dabei Klassen in die Hierarchie eingefügt und gelöscht werden, ohne die zuvor berechneten Verbände wieder komplett neu

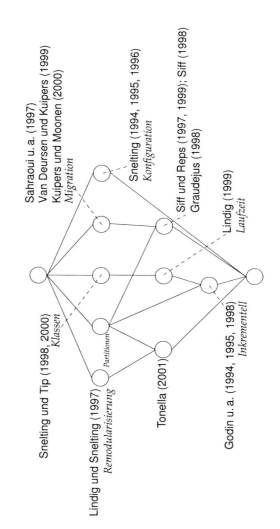

Abbildung 3.10: Der Begriffsverband zum Formalen Kontext der verwandten Arbeiten aus Abbildung 3.9 in reduzierter Darstellung

zu erstellen. In beiden Arbeiten steht die Navigation auf den Verbänden und der Entwurf von Hierarchien und Bibliotheken im Vordergrund; der Anteil an Reverse-Engineering ist gering.

Die Basis für das inkrementelle Vorgehen bei diesen Analysen ist der in Godin u. a. (1995) veröffentlichte inkrementelle Algorithmus zur Berechnung der Begriffsverbände. Godin u. a. geben für die Anwendung ihres Algorithmus unter bestimmten Randbedingen Komplexitäten an, die im Wesentlichen auf lineares Wachstum der Begriffsverbände in Bezug auf die Anzahl der Attribute eines Objekts hinauslaufen.

Obwohl diese Arbeiten bereits 1994 veröffentlicht wurden, hat sich offenbar niemand um die Verwendung der inkrementellen Analyse bemüht. Meine Merkmallokalisierung nutzt dieses inkrementelle Verfahren, das es sehr einfach macht, bereits gewonnenes Wissen aus Begriffsverbänden weiter zu nutzen.

Konfigurationen Die ersten Arbeiten, die die Formale Begriffsanalyse im Reengineering einsetzen, stammen von Snelting (1994, 1995, 1996). In diesen Arbeiten werden C-Konfigurationsdirektiven analysiert, die durch Präprozessoranweisungen implementiert sind. Ziel der Analyse ist die Restrukturierung der Programmquellen. Die Begriffsverbände werden dazu „horizontal zerlegt". Die Bedeutung dieser Arbeiten liegt vor allem darin, die Begriffsanalyse auf statische Information aus den Programmquellen anzuwenden.

Die Berechnung der Relation, auf der die Begriffsanalyse durchgeführt wird, ist hierbei aufwändig und ein entscheidender Punkt des Verfahrens.

Software-Bibliotheken Lindig hat in seiner Dissertation (Lindig 1999) Algorithmen zur Begriffsanalyse und deren Anwendung bei Software-Bibliotheken untersucht. Die für mich wichtigsten Ergebnisse der Arbeit sind Aussagen zur Komplexität der Begriffsanalyse einerseits (die Größe der Begriffsverbände hängt in der Realität nur quadratisch von der Größe der Relation ab). Durch diese Aussagen wird deutlich, dass die Formale Begriffsanalyse sich durchaus in realen Fällen anwenden lässt und sich nicht nur auf theoretische Erfolge beschränken muss.

Andererseits entstand bei der Arbeit ein Werkzeug, das in C portabel implementiert ist und in den Anfängen meiner Merkmallokalisierung herangezogen werden konnte. Der implementierte Algorithmus in Lindig (1998) folgt dabei im Wesentlichen der Beschreibung aus Ganter und Wille (1996). Zwischenzeitlich wurden weitere Verbesserungen des Algorithmus gefunden und in der Arbeit von Lindig (2000) beschrieben. Dass in meiner Merkmallokalisierung dennoch ein anderes Werkzeug eingesetzt wird, liegt daran, dass die von Lindig (2000) beschriebenen Algorithmen nicht inkrementell sind und immer eine Neuberechnung des Gesamtverbandes erfordern.

Klassenhierarchien Ähnliche Grundideen wie bei der Konfigurationsanalyse haben Snelting und Tip auf die Analyse von Klassenhierarchien übertragen. In Snelting und Tip (1998, 2000) wird eine Methode zur Analyse und zum Reengineering von Klassenhierarchien basierend auf der Begriffsanalyse vorgestellt. Der Aufbau der Relation erfolgt anhand der konkreten Verwendung von Komponenten und Methoden und restrukturiert daraufhin die vorhandene Hierarchie. Der entstehende Begriffsverband dient als Entsprechung zur idealen Klassenhierarchie (für die jeweiligen Verwendungen).

Partitionen Eine Reihe von Arbeiten benutzt die Formale Begriffsanalyse nur als Zwischenschritt zur Berechnung von kohärenten Modulen und Subsystemen und macht insbesondere von so genannten **Begriffspartitionierungen**[3] Gebrauch. Dabei wird zunächst auf Grund einer Relation der Begriffsverband berechnet und dann versucht, die jeweiligen Objekte der Formalen Begriffsanalyse mittels der Partitionierung so aufzuteilen, dass eine sinnvolle Neugliederung der Software erreicht wird.

In den Arbeiten von Siff und Reps (1997, 1999) und Siff (1998) wird eine auf der Begriffsanalyse basierende Methode zur Identifikation von Modulen vorgestellt. Zum Zwecke der Transformation von C- zu C++-Programmen werden dazu bei der Begriffsanalyse sowohl „positive" (*Prozedur benutzt Record-Komponente*) als auch „negative" (*Prozedur benutzt Record-Komponente* nicht) Informationen ausgenutzt. Siff und Reps wenden Partitionierungen der Begriffe an, um geeignete Modularisierungen zu finden. Damit geeignete Partitionierungen sicher gefunden werden können, wird der ursprüngliche Kontext um „negative Informationen" erweitert. Dadurch lässt sich dann jeder Kontext partitionieren; ein exponentielles Wachstum der Anzahl der möglichen Partitionierungen in der Zahl der Begriffe ist problematisch.

---

[3]Eine **Begriffspartitionierung** besteht aus einer Menge von Begriffen, deren Umfänge eine Partitionierung der Menge aller Objekte O ist. Formal ist also $\mathcal{BP} = \{(O_1, A_1), \ldots, (O_n, A_n)\}$ eine Begriffspartitionierung, genau dann, wenn $\bigcup_{i=1}^{n} O_i = O$ und $\forall i \neq j, O_i \cap O_j = \emptyset$.

Graudejus (1998) untersucht in seiner Diplomarbeit die Anwendung der Formalen Begriffsanalyse zum Auffinden von abstrakten Datentypen. Die Arbeit orientiert sich an Siff (1998) und bietet Verbesserungen der dort vorgestellten Ansätze an. Porrmann (2000) liefert in diesem Zusammenhang weitere quantitative Resultate.

Auch Tonella (2001) versucht mit Hilfe der Begriffsanalyse, Module zu restrukturieren. In seinem Falle sind die Module C-Dateien, der Kontext der Begriffsanalyse basiert auf Zugriffsinformationen der Funktionen auf mit `malloc` alloziertem dynamischem Speicher, Typsignaturen und globalen Variablen. Tonella benutzt die berechneten Begriffe, um Partitionierungen der Funktionen in Dateien zu finden. Die gefundenen Partitionierungen werden mit Hilfe von Metriken auf Basis der Modulgröße und der Anzahl der Verletzungen der Kapselung verglichen. Das Vorgehen zielt nicht auf eine einzige Lösung ab, sondern bringt eine Reihe von Vorschlägen, die auf Grund der Modulgröße und der Zahl der Abstraktionsverletzungen bewertet werden können.

Alle Arbeiten, die versuchen, Partitionierungen zu finden, haben ein ernsthaftes Problem mit der Laufzeit beim Berechnen der Partitionierung. Während die Berechnung der Begriffsverbände kein praktisch relevantes Problem darstellt, muss etwa Tonella eine maximale Berechnungszeit als Abbruchskriterium angeben, in der Partitionierungen berechnet werden sollen.

Migration Richtung OO Viele der Arbeiten versuchen, die Migration von prozeduralen Systemen in objektorientierte Systeme zu unterstützen.

Hierzu gehören auch Sahraoui u. a. (1997), die sich zum Ziel setzen, die Migration zu objektorientierten Technologien zu erleichtern. Sie wenden die Begriffsanalyse auf die „referenziert"-Relation zwischen Prozeduren und globalen Variablen an, benutzen also statische Information aus dem Quelltext (hier in C), um Klassen in prozeduralen Programmen zu identifizieren. Werden mehrere Objekte zugleich referenziert, entscheiden Heuristiken, zu welcher Klasse die Prozedur zugewiesen wird.

Van Deursen und Kuipers (1999) beschreiben und vergleichen die Anwendungen von Cluster- und Begriffsanalysen zur Identifikation von Objekten in alten COBOL-Programmen zum Zwecke der Migration auf objektorientierte Plattformen. Die Objektidentifikation erfolgt auf Grund von Zugriffen in Verbandstrukturen. Von den vorgestellten Analysen liefert die Begriffsanalyse letztens Endes die besseren Ergebnisse.

Kuipers und Moonen (2000) wenden die Begriffsanalyse in Kombination mit Typinferenz auf COBOL-Altsysteme an und beziehen daraus Informationen über die Struktur der Systeme. Fernziel ihrer Analyse ist es, die Migration von COBOL-Systemen in Richtung objektorientierter Plattformen zu unterstützen. Sie bieten dem Benutzer die Möglichkeit, Begriffe mittels eines Werkzeugs direkt zu bearbeiten, um Benutzerwissen einfach in die automatische Analyse einfließen zu lassen. Die einfachen Manipulationen des Benutzers an den Begriffen werden in den Kontexten nachgeführt und erfordern eine erneute Berechnung des Verbandes.

3.4 Zusammenfassung

In diesem Kapitel habe ich einen Überblick über Forschungsarbeiten gegeben, die in unterschiedlichen Aspekten Gemeinsamkeiten mit der Merkmallokalisierung haben. Zunächst sind dies in Abschnitt 3.1 die Arbeiten, die andere Ansätze zur Merkmallokalisierung verfolgen. Die Arbeiten, die sich mit der begriffsbasierten Analyse dynamischer Information aus Programmläufen beschäftigen, sind in Abschnitt 3.2 zusammengefasst.

In Abschnitt 3.3 sind schließlich die Arbeiten in Kurzform wiedergegeben, die mit Hilfe der Formalen Begriffsanalyse versuchen, statische Information über Programme zu bearbeiten. Die Begriffsanalyse wird von einer großen Zahl wissenschaftlicher Arbeiten im Bereich Software Engineering verwendet (Tilley u. a. (2003) beschreibt 42 Arbeiten). Abgesehen von Siff und Reps (1999) und Tonella (2001) berichtet keine der Arbeiten im Umgang mit den verarbeiteten Daten über das Eintreten des exponentiellen Laufzeitverhaltens, das im schlimmsten Fall zu erwarten wäre. Darauf gründet sich auch meine Vermutung, dass die Chance, tatsächlich einmal mit einer auf der Begriffsanalyse basierenden Methode an einem „explodierenden" Verband zu scheitern, sehr gering ist.

Kapitel 4

Begriffsanalyse zur Merkmallokalisierung

„Wer klare Begriffe hat, kann befehlen."
– Johann Wolfgang von Goethe, „Maximen und Reflexionen"

Dieses Kapitel beschreibt die der Merkmallokalisierung zugrunde liegende Idee und ihre Umsetzung. Die Merkmallokalisierung wird auf der Grundlage der Formalen Begriffsanalyse aus der Mathematik eingeführt. Die Formale Begriffsanalyse wird bei der Merkmallokalisierung benutzt, um die Beziehungen zwischen Szenarien, Merkmalen und Programmentitäten zu untersuchen. Dazu wird ein Begriffsverband berechnet, mit dessen Hilfe der Reengineer leicht die Programmentitäten finden kann, die für ein Programmmerkmal spezifisch sind.

Zunächst treffe ich zur Einführung der Merkmallokalisierung einige vereinfachende Annahmen. In weiteren Schritten wird die Merkmallokalisierung so angepasst, dass die Vereinfachungen schrittweise aufgegeben werden können. Die Merkmallokalisierung wird in Kapitel 5 bis zur praktischen Anwendbarkeit vertieft.

Überblick In Abschnitt 4.1 wird die Grundidee präsentiert und gezeigt, wie sich mit Hilfe der Formalen Begriffsanalyse szenariospezifische Routinen finden lassen. Abschnitt 4.1.1 stellt die zunächst verwendeten Annahmen vor, die in diesem Kapitel gelten sollen. Im darauf folgenden Abschnitt 4.2 wird die Beziehung zwischen Szenarien und Merkmalen untersucht und die Merkmalanalyse dahingehend erweitert, dass nun nicht mehr die Szenarien, sondern tatsächlich die Merkmale des Programms das Wesentliche im Begriffsverband sind. Abschließend fasse ich in Abschnitt 4.3 die Ergebnisse dieses Kapitels zusammen.

4.1 Erste Schritte

Die grundlegende Idee der Merkmallokalisierung besteht darin, die Information, dass eine Programmeinheit von einem Szenario benutzt wird, als Relation aufzufassen und mittels der Formalen Begriffsanalyse einen darauf basierenden Begriffsverband zu berechnen. Dieser Verband muss im Anschluss noch interpretiert werden und dient als Grundlage für weitere Überlegungen.

Zunächst diskutiere ich in Abschnitt 4.1.1 einige für das Verständnis sinnvolle vorläufige Einschränkungen, die später wieder fallengelassen werden. Im Abschnitt 4.1.2 führe ich ein Beispiel ein, mit dem die Überlegungen bei der Interpretation des Begriffsverbandes illustriert werden. Abschnitt 4.1.3 beschreibt, wie die Formale Begriffsanalyse angewendet wird und wie die Interpretation des entstandenen Begriffsverbandes durchgeführt wird.

4.1.1 Annahmen

Ohne Beschränkung der Allgemeinheit werden hier und im Folgenden aus Gründen der besseren Formulierbarkeit Routinen als die Programmeinheiten eingesetzt, die der Merkmallokalisierung unterzogen werden. Ebenso können prinzipiell auch andere Granularitäten als Berechnungseinheiten verwendet (beispielsweise Grundblöcke, Anweisungen, Dateien oder noch größere Komponenten) oder Deklarationen mit in die Merkmallokalisierung aufgenommen werden. Im Folgenden gehe ich davon aus, dass die Reihenfolge der Ausführung von Routinen keine Rolle bei der Verwendung der Merkmale spielt.

Um die Merkmallokalisierung zu erklären, gehe ich im ersten Schritt von folgenden vereinfachenden Annahmen aus:

1. Jedes Szenario deckt genau ein Merkmal des untersuchten Programms ab.

2. Die Information über die Beziehung zwischen Szenarien und Routinen (und damit zunächst auch Merkmalen und Routinen) ist vorhanden und vollständig.

3. Alle Merkmale und Szenarien sind bereits zu Anfang der Analyse bekannt.

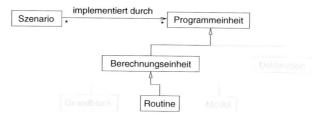

Abbildung 4.1: Der Zusammenhang zwischen Szenarien, Programmeinheiten und Routinen in der simplifizierten Variante von Abbildung 2.1

Die Annahme 1 kann nur für sehr einfache Programme (oder ein sehr abstraktes Merkmal) richtig sein und wird im Abschnitt 4.2 wegfallen[1]. Im Normalfall wird kein reales Programm so einfach zu zergliedern sein. Szenarien und Merkmale werden zunächst identisch behandelt und sind innerhalb des Abschnitts 4.1 austauschbar. Dieser vereinfachte Zusammenhang zwischen den einzelnen Begrifflichkeiten ist in Abbildung 4.1 dargestellt. Zunächst wird also der Begriff des Merkmals mit dem des Szenarios gleichgesetzt und durchgehend von Szenario gesprochen.

Die Annahmen 2 und 3 lassen zunächst ideale Schlüsse bei der Verwendung der Formalen Begriffsanalyse zu, sind allerdings praxisfern und werden später in Kapitel 5 bzw. Kapitel 7.1 wieder fallen gelassen. Wie die Information über Szenarien und Routinen gewonnen werden kann, sei zunächst dahingestellt und hat keinen Einfluss auf die Überlegungen in diesem Abschnitt.

4.1.2 Laufbeispiel *MP*

Um die Konzepte dieses Kapitels illustrieren zu können, führe ich hier ein Beispielsystem ein, das in den folgenden Abschnitten mit den Mitteln der Merkmalanalyse untersucht wird. Als Beispiel dient das Malprogramm *„MP"*, das durch die von uns durchgeführten Fallstudien zu XFIG inspiriert ist. Den ersten Kontakt zu XFIG (Sutanthavibul u. a. 2001) hatten wir in der Arbeit von Czeranski u. a. (2000); auch in nachfolgenden Artikeln wurde XFIG mit Hilfe der Merkmallokalisierung untersucht. XFIG selbst wird in Kapitel 6 zur Bewertung der hier vorgestellten Technik herangezogen. *MP* ist keine echte Anwendung, sondern dient lediglich

---

[1]Nichtsdestotrotz eignet sich die Annahme auch in der Praxis, wenn man eine erste Untersuchung eines unbekannten Systems durchführt oder falls die Experten nicht mehr verfügbar sind, die die Relation zwischen Merkmalen und Szenarien genau kennen.

Szenario	dazu verwendete Routinen
Ellipse malen	start, draw, draw_arc, set_center_e, set_radius_x, set_radius_y, end
Kreis malen	start, draw, draw_arc, set_center_c, set_radius, end
Rechteck malen	start, draw, set_right_upper, set_left_lower, end
Text malen	start, draw, set_text, set_font, set_size, end
Ellipse verschieben	start, load, move_ellipse, end
Kreis laden	start, load, end
Kreis verschieben	start, load, move_circle, end

Abbildung 4.2: Beispiel-Szenarien und die jeweils benutzten Routinen des Malprograms *MP*

der Illustration der Konzepte der Merkmallokalisierung. Die Merkmale von *MP* sind aus XFIG abgeleitet.

Betrachtet man *MP* unter Berücksichtigung der Annahme 1, dass also ein Szenario genau einem Merkmal entspricht, so kann man Szenarien definieren wie etwa eine Ellipse malen, einen Kreis malen oder eine Ellipse verschieben. In Abbildung 4.2 ist eine Reihe exemplarischer Szenarien zusammen gestellt. In den Spalten der Tabelle wird beschrieben, welche Routinen vom jeweiligen Szenario benutzt werden. Die Routinen haben in diesem Beispiel ihrer Funktionalität entsprechende Namen. Beispielsweise benutzt das Szenario Kreis malen die Routinen start, draw, ..., end. Die Typen und deklarativen Anteile des Programms *MP* werden aus Gründen der Einfachheit nicht dargestellt, könnten aber ohne Einschränkung ebenso mit berücksichtigt werden.

In Abbildung 4.2 sind nicht alle Routinen von *MP* aufgeführt, sondern nur die Routinen, die von mindestens einem der Szenarien verwendet werden. Routinen, die in keinem der Szenarien verwendet werden, sind nicht in der Tabelle enthalten. Wie ich im nächsten Abschnitt in Punkt 8 zeigen werde, hat diese Darstellung keinen negativen Einfluss auf die Aussagen der Merkmallokalisierung.

4.1.3 Erster Ansatz

Idee Die Merkmallokalisierung wird als eine Instanz der Formalen Begriffsanalyse definiert, und es wird ein Begriffsverband berechnet. Der resultierende Begriffsverband muss interpretiert erklärt werden.

Anwendung der Begriffsanalyse Die Instanz der Begriffsanalyse wird gebildet, indem man die Routinen *r* als Objekte *o* auffasst. Die Szenarien *s* werden als At-

Merkmallokalisierung $[\mathcal{R} \times S]$	Formale Begriffsanalyse $[O \times \mathcal{A}]$
Routine r	Objekt o
Menge von Routinen R	Menge von Objekten O
Menge aller Routinen $\mathcal{R}$	alle Objekte O
Szenario s	Attribut a
Menge von Szenarien S	Menge von Attributen A
Menge aller Szenarien S	Menge aller Attribute $\mathcal{A}$
Benutzt-von-Relation B	Inzidenzrelation $\mathcal{I}$
Szenariobegriff $\mu_{RS}(s)$	Attributbegriff $\mu(a)$
Routinenbegriff $\gamma_{RS}(r)$	Objektbegriff $\gamma(o)$

Abbildung 4.3: Der Zusammenhang zwischen den Bezeichnungen der Merkmallokalisierung und den Begriffen der Formalen Begriffsanalyse aus Kapitel 2

tribute a interpretiert. Die Inzidenzrelation der Begriffsanalyse ist gegeben durch die Benutzt-von-Relation B zwischen Routinen und Szenarien. Abbildung 4.3 fasst diese Instantiierung der Formalen Begriffsanalyse zusammen. Die Indizierung RS ist bei allen Mengen und Funktionen der Begriffsanalyse angefügt, die die Abbildung von Szenarien auf Routinen betreffen. Bezeichnet R die Routinen, S die Szenarien und B die Aufrufrelation zwischen den Szenarien und den Routinen, dann kann für diesen Formalen Kontext $K_{RS} = (\mathcal{R}, S, B)$ der Begriffsverband $\mathcal{B}_{RS}(K_{RS})$ berechnet werden. Die Interpretation dieses Begriffsverbands wird im Folgenden erläutert.

Beispiel Die Benutzt-von-Relation mit den Szenarien aus Abbildung 4.2 ergibt sich wie in Abbildung 4.4. In der Benutzt-von-Relation sind nur die Routinen aufgeführt, die tatsächlich gebraucht werden. Unbenutzte Routinen werden ignoriert, da sie die Struktur des zu berechnenden Begriffsverbandes nicht wesentlich beeinflussen. Alle unbenutzten Routinen führen zu leeren Spalten im Formalen Kontext und würden letztlich im 1-Element des Verbandes zu finden sein. Bei Bedarf können auch diese Routinen in die Benutzt-von-Tabelle mit aufgenommen werden; im Folgenden werden aus Gründen der Lesbarkeit unbenutzte Routinen jedoch immer weggelassen.

Der resultierende reduzierte Begriffsverband für den Benutztkontext in Abbildung 4.4 ist in Abbildung 4.5 zu sehen. Der Verband ist der Übersichtlichkeit wegen in reduzierter Darstellung gezeichnet. Der Leser möge sich die Bedeutung dieser Tatsache vergegenwärtigen: Objekte, also Routinen r, werden an dem kleinsten Begriff b aufgeführt, in dessen Umfang $r \in Umfang(b)$ sie enthalten sind. Alle größeren Begriffe enthalten in ihrem Umfang zwar auch die jeweilige Routi-

Kreis versch.	Kreis laden	Ellipse versch.	Text malen	Rechteck malen	Kreis malen	Kreis malen	Ellipse malen	
×	×	×	×	×	×	×	×	start
				×	×	×	×	draw
					×	×		draw_arc
					×			set_center_c
					×			set_radius
×	×	×	×	×	×	×	×	end
							×	set_center_e
							×	set_radius_x
							×	set_radius_y
				×				set_right_upper
				×				set_left_lower
			×					set_text
			×					set_font
			×					set_size
×	×	×						load
×								move_circle
		×						move_ellipse

Abbildung 4.4: Die Benutzt-von-Relation B für die Szenarien aus Abbildung 4.2 in Form einer Kreuztabelle. Die Szenarien in der Rolle der Attribute sind in den Spalten, die Routinen in der Rolle der Objekte in den Zeilen eingetragen.

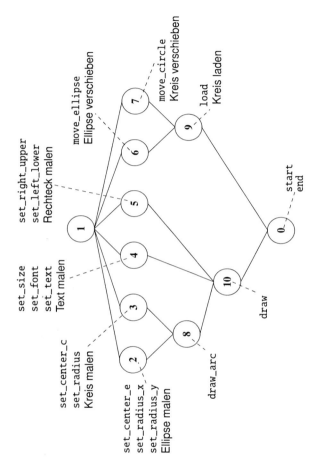

Abbildung 4.5: Der Begriffsverband $\mathcal{B}_{RS}$ für den Kontext der Benutzt-von-Relation aus Abbildung 4.4 in reduzierter Darstellung

ne, dort wird sie aber nicht mehr aufgeführt. Dual dazu werden Szenarien s in der Rolle der Attribute an dem jeweils größten Begriff b aufgeführt, der das Szenario s in seinem Inhalt enthält, also $s \in \text{Inhalt}(b)$. Die Wiederholungen von Szenario s in kleineren Begriffen werden unterdrückt.

Interpretation des Begriffsverbandes Die folgenden Fakten ergeben sich mit Hilfe der Überlegungen und Definitionen der Formalen Begriffsanalyse in Kapitel 2.3, von denen hier intensiv Gebrauch gemacht wird. Anhand des reduzierten Begriffsverbands in Abbildung 4.5 gebe ich zu den einzelnen Punkten Beispiele an.

1. **Routinebegriff.** Der Routinebegriff $\gamma_{RS}(r)$ ist per Definition der kleinste der Begriffe, der die Routine r in seinem Umfang enthält. Eine Routine r ist in allen Begriffen an und oberhalb des Routinebegriffs $\gamma_{RS}(r)$ zu finden, also den Begriffen b mit $\gamma_{RS}(r) \leq b$. Auf Grund der Benutzt-von-Relation B bedeutet das, die Routine r wird von allen Szenarien s benutzt, die an und oberhalb des Routinebegriffs $\gamma_{RS}(r)$ stehen.

   Im Beispielverband in Abbildung 4.5 ist die Routine draw_arc am Routinenbegriff $\gamma_{RS}(\text{draw\_arc})$ = Begriff 8 zu finden. Die Routine draw_arc wird für die Szenarien **Ellipse malen** (in Begriff 2) und **Kreis malen** (in Begriff 3) benutzt[2].

2. **Szenariobegriff.** Analog zu den Routinebegriffen aus 1. ist der Szenariobegriff $\mu_{RS}(s)$ der größte Begriff, der das Szenario s in seinem Inhalt hat. Ein Szenario s ist in allen Begriffen an und unterhalb des Szenariobegriffs $\mu_{RS}(s)$ zu finden, also den Begriffen b mit $b \leq \mu_{RS}(r)$. Aus der Benutzt-von-Relation B folgt also, dass ein Szenario s alle Routinen an und unterhalb des Szenariobegriffs $\mu_{RS}(s)$ im Begriffsverband benutzt.

   Im Beispielverband in Abbildung 4.5 ist das Szenario **Kreis verschieben** an seinem Szenariobegriff $\mu_{RS}(\text{Kreis verschieben})$ = Begriff 7 eingetragen. Das Szenario **Kreis verschieben** benutzt die Routinen move_circle (in Begriff 7) und load (in Begriff 9) sowie start und end (in Begriff 0)[3].

---

[2]Ist der Verband reduziert dargestellt, muss man alle Szenarien aufsammeln, die in Begriffen b stehen, die größer als der oder gleich dem Routinebegriff $\gamma_{RS}(r)$ sind, bei denen also $\gamma_{RS}(r) \leq b$ ist. Ist der Verband dagegen nicht-reduziert dargestellt, kann man die Information direkt an dem Routinebegriff $\gamma_{RS}(r)$ ablesen.

[3]Auch hier hängt das Aufsammeln wieder nur von der Darstellung des Verbands ab: Ist der

3. **Gemeinsame Szenarien.** Szenarien, zu denen mehrere Routinen $r_1, \ldots, r_n$ auf Grund der Benutzt-von-Relation B gemeinsam benutzt werden, können durch den Supremumsbegriff $b = \gamma_{RS}(r_1) \vee \ldots \vee \gamma_{RS}(r_n)$ der Routinebegriffe identifiziert werden. Dieser Begriff ist der kleinste Begriff, bei dem die Routinen $r_1, \ldots, r_n$ zugleich im Umfang sind. Der Inhalt dieses Begriffes umfasst dann die Szenarien, die Routinen $r_1, \ldots, r_n$ benutzen. Im Verband ist dieses Supremum der erste gemeinsame Begriffsknoten in Richtung des 1-Elements des Verbandes, wenn man von den Knoten ausgeht, die jeweils mit $r_1, \ldots r_n$ markiert sind.

Im Beispiel in Abbildung 4.5 tragen die Routinen draw in Begriff 10 und set_size in Begriff 4 gemeinsam zum Szenario Text malen in Begriff 4 bei.

4. **Gemeinsame Routinen.** Dual zu 3. sind Routinen, die für mehrere Szenarien $s_1, \ldots, s_n$ gemeinsam benötigt werden, im Infimumsbegriff der Szenariobegriffe $b = \mu_{RS}(s_1) \wedge \ldots \wedge \mu_{RS}(s_n)$ zu finden. Dieser Begriff ist der größte Begriff, bei dem die Szenarien $s_1, \ldots, s_n$ zugleich im Inhalt sind. Der Umfang dieses Begriffes umfasst dann die Routinen, die von den Szenarien $s_1, \ldots, s_n$ benutzt werden. Im Verband läuft man in diesem Fall von den Begriffsknoten, die mit $s_1, \ldots, s_n$ markiert sind, in Richtung des 0-Elements zum ersten gemeinsamen Knoten. Alle dort und darunter aufgeführten Routinen werden für Szenario $s_1, \ldots, s_n$ benötigt.

Im Beispiel in Abbildung 4.5 findet man die Routinen draw in Begriff 10, start und end in Begriff 0, wenn man nach den Gemeinsamkeiten von Ellipse malen in Begriff 2 und Text malen in Begriff 4 sucht.

5. **Spezifische Routine.** Eine Routine r ist **spezifisch** für ein Szenario s, wenn zugleich gilt:

   (a) Das Szenario s benutzt die Routine r, also $(r, s) \in B$.

   (b) Von allen Szenarien, die die Routine r benutzen, ist das Szenario s das Szenario mit der kleinsten Schnittmenge an Routinen von allen Szenarien, die Routine r benutzen. Anders formuliert heißt das, dass die Routine r im Infimum der Routinenmengen der Szenarien ist, die r benutzen.

Verband reduziert dargestellt, muss man alle Szenarien aufsammeln, die in Begriffen b stehen, die kleiner als der oder gleich dem Szenariobegriff $\mu_{RS}(s)$ sind, bei denen also $b \leq \mu_{RS}(s)$ ist. Ist der Verband dagegen nicht-reduziert dargestellt, kann man die Information direkt an dem Szenariobegriff $\mu_{RS}(s)$ ablesen.

(c) Von allen Routinen, die vom Szenario s benutzt werden, ist Routine r die Routine, die von der größten Anzahl von Szenarien gemeinsam benutzt wird. Formal bedeutet dies, dass das Szenario s im Supremum der Szenariomengen, die die Routine r benutzen, liegt.

Punkt 5a. ist eine unabdingbare Voraussetzung. Die Punkte 5b. und 5c. bedeuten aber nichts anderes, als dass der Routinebegriff von r gleichzeitig auch der Szenariobegriff von s ist, also $\gamma_{RS}(r) = \mu_{RS}(s)$.

Im Beispiel in Abbildung 4.5 gilt dies für die Routinen `set_right_upper` und `set_left_lower` in Begriff 5 in Bezug auf das Szenario Rechteck malen und auch für die Routine `load` in Begriff 9 in Bezug auf das Szenario Kreis laden. Die spezifischen Routinen zu einem Szenario s kann man im reduzierten Verband direkt am Szenariobegriff $\mu_{RS}(s)$ ablesen.

6. **Allgemeine Routine.** Routinen, die von allen Szenarien benötigt werden, befinden sich im Umfang des 0-Elements, da sich in dessen Inhalt alle Szenarien sammeln.

   Im Beispiel sind dies die Routinen `start` und `end` im Begriff 0.

7. **Allgemeines Szenario.** Umgekehrt findet man Szenarien, die alle Routinen benötigen, im Inhalt des 1-Elements, da sich in dessen Umfang alle Routinen sammeln.

   Üblicherweise gibt es keine solchen Szenarien; im Beispiel sind deshalb keine solchen Szenarien im Begriff 1 enthalten.

8. **Unbenutzte Routine.** Routinen, die für die gegebenen Szenarien nicht benötigt werden, sind im Umfang des 1-Elements zu finden. Diese werden aber der Einfachheit halber bereits bei der Erstellung der Benutzt-von-Relation weggelassen; im Beispiel gibt es also keine solchen Routinen[4].

9. **Spezifischere Routinen.** Falls der Routinebegriff einer Routine r_1 unterhalb des Routinebegriffs einer Routine r_2 im Verband liegt, also $\gamma_{RS}(r_1) < \gamma_{RS}(r_2)$

---

[4]Die Fälle 7 und 8 können von ihrer Logik her nicht gemeinsam auftreten. Eine besondere Situation kann auftreten, wenn man einerseits Szenarien hat, die alle jemals benutzten Routinen benutzen, andererseits noch zusätzlich unbenutzte Routinen in der Relation vorhanden sind. Dann sind im 1-Element die unbenutzten Routinen zu finden und im (einzigen) Koatom des Verbandes alle die Szenarien, die alle jemals benutzten Routinen verwenden (außer denen im 1-Element). Diese Situation ist ausgeschlossen, da bei der Merkmalanalyse nur die Routinen in den Verband mit einfließen, die auch tatsächlich von einem der Szenarien benutzt werden.

für zwei Routinen r_1 und r_2 gilt, dann ist die Routine r_2 spezifischer als r_1 in Bezug auf die Szenarien in $\gamma_{RS}(r_2)$, da r_1 nicht nur zu den Szenarien beiträgt, zu denen r_2 beiträgt, sondern darüber hinaus auch noch zu weiteren Szenarien.

Im Beispiel in Abbildung 4.5 trifft diese Situation unter anderem auf draw in Begriff 10 und draw_arc in Begriff 8 bezüglich des Szenarios Ellipse malen in Begriff 2 zu; hierbei ist draw_arc spezifischer für Ellipse malen als draw.

10. **Erweiterte Szenarien.** Falls der Szenariobegriff eines Szenarios s_2 oberhalb des Szenariobegriffs eines Szenarios s_1 im Verband liegt, also $\mu_{RS}(s_1) < \mu_{RS}(s_2)$ für zwei Szenarien s_1 und s_2 gilt, dann ist Szenario s_2 eine Erweiterung des Szenario s_1, denn immer, wenn Szenario s_2 ausgeführt wird, werden alle Routinen ausgeführt, die auch in Szenario s_1 benötigt werden.

Im Beispiel in Abbildung 4.5 kann Kreis verschieben in Begriff 7 als Erweiterung zu Kreis laden in Begriff 9 aufgefasst werden.

Zusammenfassung Im Wesentlichen kann auf Grund der Fakten 5., 6. und 7. im Verband nach Routinen gesucht werden, die unterschiedlich spezifisch für ein Szenario sind. Je weniger Szenarien eine Routine benutzen, umso spezifischer ist diese Routine für die Szenarien. Solche spezifischen Routinen wandern durch die Begriffsanalyse im Verband nach oben. Umgekehrt sind Routinen, die von vielen Szenarien benutzt werden, eher allgemeiner Natur. Im Verband findet man allgemeine Routinen weiter in Richtung des 0-Elements.

Die Spezifizität von Routinen kann also durch die Position der Routine im reduzierten Verband ausgedrückt werden. Routinen, die nicht gemeinsam auf einem Pfad vom 0- zum 1-Element liegen, können nicht im Sinne der Spezifizität verglichen werden.

4.2 Szenarien und Merkmale

Die idealisierte Annahme 1 in Abschnitt 4.1.1 auf Seite 72, dass ein Szenario genau ein Merkmal abdeckt, kann im Allgemeinen bei sinnvollen Programmen nicht aufrecht erhalten werden: In der Praxis ist es vielmehr der Fall, dass ein Szenario mehr als nur ein Merkmal enthält. Oft hängen Merkmale voneinander ab (beispielsweise ist VERSCHIEBEN erst nach LADEN oder MALEN möglich) und es gibt auch Merkmale, die sich überhaupt nicht isoliert ausführen lassen (etwa ein „Logging"-Mechanismus, der in das Programm eingebaut wurde).

Da darüber hinaus ein Merkmal von vielen Szenarien ausgelöst werden kann, gibt es fast nie eine 1:1-Beziehung zwischen Szenarien und Merkmalen, sondern die Verhältnisse von Merkmalen und Szenarien sind eher von der Art einer $n : m$-Beziehung. Allerdings ist der Reengineer hauptsächlich an der Beziehung zwischen Merkmalen und Routinen interessiert, das Verhältnis von Szenarien zu Merkmalen interessiert nur in zweiter Linie. Wie diese Merkmale bestimmten Routinen mittels der Merkmallokalisierung zugeordnet werden können, wird in den folgenden Abschnitten erläutert. Um es mir im Folgenden zu ersparen, Sonderfälle zu betrachten, gehe ich davon aus, dass nur Szenarien untersucht werden, die mindestens ein Merkmal aufweisen, und andererseits nur Merkmale in Betracht kommen, die auch in einem Szenario verwendet werden.

In Abschnitt 4.2.1 wird zuerst das Beispiel aus Abschnitt 4.1.2 um die Abbildung von Szenarien auf Merkmale erweitert. Dieses Beispiel dient als Grundlage für die anschließenden Betrachtungen über die Kategorisierung der Begriffe des Routinen-Szenario-Verbandes und der Routinen des Programms anhand des Merkmal-Szenario-Verbandes in Abschnitt 4.2.2. Die Analyse schließt in Abschnitt 4.2.3 mit der Integration der beiden Relationen Routine-Szenario und Merkmal-Szenario ab.

4.2.1 Erweiterung des Beispiels

Gingen die Überlegungen vom vorigen Abschnitt 4.1.3 noch davon aus, dass ein Szenario genau einem gesuchten Merkmal entspricht, muss diese Annahme jetzt neu überdacht werden. Auch die Beziehung zwischen Szenarien und Merkmalen lässt sich formal als Relation auffassen, die der Anwendungsexperte zur Verfügung stellt. Diese Merkmal-Szenario-Relation kann wiederum als Kreuztabelle dargestellt werden. Die entstehende Kreuztabelle kann mit der Benutzt-von-Tabelle zusammen aufgestellt werden, da ja die Menge der Szenarien in beiden Relationen übereinstimmt.

Bei genauerem Hinsehen kann man in *MP* Merkmale finden wie MALEN, ELLIPTISCH, RECHTECKIG, VERSCHIEBEN und viele weitere. Die Merkmale sind im Beispiel feiner als die groben Merkmale, die direkt den Szenarien entsprachen. Die gesamte verfeinerte Relation ist in Abbildung 4.6 aufgeführt.

Szenarien	Merkmale					Routinen									
	ELLIPTISCH	INFRASTRUKTUR	LADEN	MALEN	VERSCHIEBEN	start	draw	draw_arc	set_center_c	set_radius	end	...	load	move_circle	move_ellipse
Ellipse malen	×	×		×		×	×	×			×	...			
Kreis malen		×		×		×	×	×	×	×	×	...			
Rechteck malen		×		×		×	×				×	...			
Text malen		×		×		×	×				×	...			
Ellipse versch.	×	×	×		×	×					×	...	×		×
Kreis laden		×	×		×	×					×	...	×		
Kreis versch.		×	×		×	×					×	...	×	×	

Abbildung 4.6: Beispiel-Szenarien, deren Zerlegung in Merkmale und die Routinen, die von den Szenarien benutzt werden, als Erweiterung zur Aufruftabelle in Abbildung 4.4

Beispielsweise ist in Abbildung 4.6 die Benutzt-von-Tabelle aus Abbildung 4.4 um die Merkmale MALEN, INFRASTRUKTUR, VERSCHIEBEN, LADEN und ELLIPTISCH erweitert und die entsprechende Relation zu den Szenarien eingetragen worden. Das Merkmal INFRASTRUKTUR modelliert dabei die Routinen, die beim Starten und Beenden des Programms ausgeführt werden. Man beachte, dass etwa beim Szenario Ellipse verschieben auch das Merkmal LADEN ausgelöst wird; der Anwendungsexperte muss solche Fakten berücksichtigen. Weiter hat das Szenario Kreise malen die Merkmale INFRASTRUKTUR und MALEN. Das Szenario Ellipse verschieben dagegen hat noch mehr Merkmale, nämlich ELLIPTISCH, INFRASTRUKTUR, LADEN und VERSCHIEBEN.

4.2.2 Begriffskategorisierung anhand der Merkmale

Die beiden Teile der entstandenen Kreuztabelle werden nun getrennt voneinander mit der Begriffsanalyse analysiert; ich betrachte hier zwei Instanzen der Formalen Begriffsanalyse zugleich. Die Berechnung des Begriffsverbandes für die Routinen und Szenarien erfolgt wieder wie im Abschnitt 4.1.3 beschrieben.

Begriffsanalyse der Beziehung zwischen Merkmalen und Szenarien Die Instantiierung der Formalen Begriffsanalyse ist in Abbildung 4.7 zusammengefasst.

Merkmallokalisierung [$\mathcal{M} \times \mathcal{S}$]	Formale Begriffsanalyse [$O \times \mathcal{A}$]
Merkmal m	Objekt o
Menge von Merkmalen M	Menge von Objekten O
Menge aller Merkmale $\mathcal{M}$	alle Objekte O
Szenario s	Attribut a
Menge von Szenarien S	Menge von Attributen A
Menge aller Szenarien $\mathcal{S}$	Menge aller Attribute $\mathcal{A}$
Merkmal-Szenario-Relation MS	Inzidenzrelation I
Szenariobegriff $\mu_{MS}(s)$	Attributbegriff $\mu(a)$
Merkmalbegriff $\gamma_{MS}(m)$	Objektbegriff $\gamma(o)$

Abbildung 4.7: Die Abbildung der Bezeichnungen der Merkmallokalisierung und den Bezeichnungen der Formalen Begriffsanalyse aus Kapitel 2 bei der Merkmal-Szenario-Relation

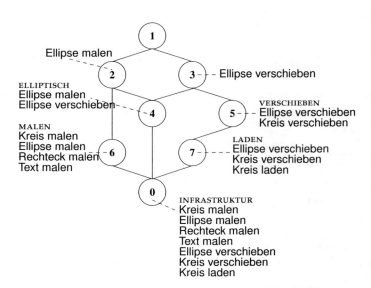

Abbildung 4.8: Der Verband $\mathcal{B}_{MS}$ für die Merkmal-Szenario-Relation aus Abbildung 4.6 in objektreduzierter Darstellung

Die Indizierung *MS* bezieht sich hier auf die Begriffsanalyse der Relation zwischen Szenarien und Merkmalen. Dabei sind die Szenarien weiter in der Rolle der Attribute, die Merkmale treten als die Objekte der Formalen Begriffsanalyse auf. Man erhält so den Formalen Kontext $K_{MS} = (M, S, M \times S)$ mit dessen Hilfe der Begriffsverband $\mathcal{B}_{MS}$ berechnet wird. In diesem Verband $\mathcal{B}_{MS}(K_{MS})$ können die Abhängigkeiten zwischen den Merkmalen abgelesen werden. Der Begriffsverband $\mathcal{B}_{MS}$, der sich aus der Merkmal-Szenario-Abbildung in Abbildung 4.6 berechnet, ist in Abbildung 4.8 dargestellt.

Neue Interpretation Analog zu den Überlegungen zur Routinen-Szenario-Relation kann der Merkmalbegriff (entspricht Routinebegriff) definiert werden. Die Definitionen für gemeinsame Routinen, spezifische Routinen und für spezifischere Routinen lassen sich direkt übertragen. An den Aussagen bezüglich der Szenarien ändert sich lediglich der Bezug von den Routinen zu den Merkmalen. Zusammengefasst ergeben sich die folgenden Aussagen:

1. **Spezifisches Merkmal.** Ein Merkmal *m* ist **spezifisch** für ein Szenario *s*, wenn der Merkmalbegriff für Merkmal *m* und der Szenariobegriff für das Szenario *s* denselben Begriff *b* bezeichnen, also $b = \gamma_{MS}(m) = \mu_{MS}(s)$.

2. **Spezifischere Merkmale.** Falls der Merkmalbegriff eines Merkmals m_1 unterhalb des Merkmalbegriffs eines Merkmals m_2 im Verband liegt, also $\gamma_{MS}(m_1) < \gamma_{MS}(m_2)$ für zwei Merkmale m_1 und m_2 gilt, dann ist das Merkmal m_2 spezifischer als m_1 in Bezug auf die Szenarien in $\gamma_{MS}(m_2)$, da m_1 nicht nur in den Szenarien benutzt wird, zu denen m_2 beiträgt, sondern darüber hinaus auch in weiteren Szenarien.

   In Abbildung 4.8 ist zum Beispiel das Merkmal VERSCHIEBEN in Begriff 5 spezifischer für die Szenarien Ellipse verschieben und Kreis verschieben, als es das Merkmal LADEN aus Begriff 7 für diese Szenarien ist.

3. **Erweiterte Szenarien.** Falls der Szenariobegriff eines Szenarios s_2 oberhalb des Szenariobegriffs eines Szenarios s_1 im Verband liegt, also $\mu_{MS}(s_1) < \mu_{MS}(s_2)$ für zwei Szenarien s_1 und s_2 gilt, dann ist Szenario s_2 eine Erweiterung des Szenario s_1, da immer, wenn Szenario s_2 ausgeführt wird, alle Merkmale benutzt werden, die auch in Szenario s_1 auftreten.

   Im Beispiel in Abbildung 4.8 kann Kreis verschieben in Begriff 5 als Erweiterung zu Kreis laden in Begriff 7 aufgefasst werden.

Szenarien, Merkmale und Routinen

Um wieder den Zusammenhang zu den Routinen herzustellen, gebe ich in diesem Abschnitt eine Klassifikation der Begriffe des Routinen-Szenario-Verbandes an Hand der Merkmal-Szenario-Relation und des dazu gehörenden Verbandes $\mathcal{B}_{MS}$ an. Zunächst definiere ich zu einem Merkmal m eine Einteilung der Begriffe des Routinen-Szenario-Verbandes $\mathcal{B}_{RS}(K_{RS})$ in die folgenden Kategorien:

- **Spezifischer Begriff.** Ein Begriff b aus dem Verband $\mathcal{B}_{RS}(K_{RS})$ ist für ein Merkmal m genau dann **spezifisch**, wenn die Szenarien, die das Merkmal m haben, genau den Szenarien entsprechen, die im Inhalt des Begriffes b enthalten sind. Formal[5] entspricht dies

$$\sigma_{MS}(m) = Inhalt_{RS}(b) \tag{4.1}$$

- **Relevanter Begriff.** Ein Begriff b ist für ein Merkmal m genau dann **relevant**, wenn der Begriff mehr Szenarien enthält als die, die Merkmal m haben. Im Sinne der Begriffsanalyse heißt das

$$\sigma_{MS}(m) \subset Inhalt_{RS}(b) \tag{4.2}$$

- **Abhängiger Begriff.** Ein Begriff b ist von einem Merkmal m genau dann **abhängig**, wenn der Begriff b weniger Szenarien enthält als die, die Merkmal m verwenden. Formal ist das der Fall, wenn

$$\sigma_{MS}(m) \supset Inhalt_{RS}(b) \tag{4.3}$$

- **Geteilter Begriff.** Ein Begriff b ist für ein Merkmal m genau dann **geteilt**, wenn der Begriff b Szenarien enthält, die das Merkmal m aufweisen, des Weiteren aber auch noch andere Szenarien, die das Merkmal m nicht haben. In formaler Schreibweise ausgedrückt ist das der Fall, wenn jede der folgenden Bedingungen erfüllt ist

$$
\begin{aligned}
&(i) &&\sigma_{MS}(m) \cap Inhalt_{RS}(b) \neq \emptyset \\
&(ii) &&\sigma_{MS}(m) \not\supseteq Inhalt_{RS}(b) \\
&(iii) &&\sigma_{MS}(m) \not\subseteq Inhalt_{RS}(b)
\end{aligned}
\tag{4.4}
$$

---

[5]Wie auch in Kapitel 2.3 schreibe ich im Folgenden $\sigma_{MS}(m)$ an Stelle von $\sigma_{MS}(\{m\})$, um Klammern einzusparen.

- **Irrelevanter Begriff.** Ein Begriff b ist für Merkmal m genau dann **irrelevant**, wenn keine Szenarien, die das Merkmal m aufweisen, im Begriff b zu finden sind.

$$\sigma_{MS}(m) \cap Inhalt_{RS}(b) = \emptyset \tag{4.5}$$

Wie man sieht, kann jeder Begriff durch Prüfen der Kriterien von 4.1 bis 4.5 genau einer Kategorie zugeordnet werden. Die Zuordnung kann am einfachsten durchgeführt werden, wenn man die objektreduzierten Begriffsverbände (ein Beispiel ist in Abbildung 4.8 zu sehen) und den entsprechenden Verband für die Routinen-Szenario-Abbildung als Basis nimmt.

Für den Fall, dass es zu einem Merkmal m einen spezifischen Begriff b_m im Sinne der Definition in (4.1) gibt, sind die obigen Definitionen äquivalent zu:

- Ein Begriff b ist **relevant** (4.2) genau dann, wenn er kleiner ist als der spezifische Begriff, also $b < b_m$ im Begriffsverband $\mathcal{B}_{RS}(K_{RS})$.

- Ein Begriff b ist **abhängig** (4.3) genau dann, wenn er größer ist als der spezifische Begriff, in Formeln $b_m < b$ im Begriffsverband $\mathcal{B}_{RS}(K_{RS})$.

- Ein Begriff b ist **geteilt** (4.4) genau dann, wenn die Inhalte von b und b_m gemeinsame Szenarien enthalten, aber nicht gleich sind. Damit ist $Inhalt_{RS}(b_m) \cap Inhalt_{RS}(b) \neq \emptyset$ und der spezifische Begriff b_m und der Begriff b sind unvergleichbar im Begriffsverband $\mathcal{B}_{RS}(K_{RS})$.

Beispiel   Tatsächlich kann es vorkommen, dass es keinen Begriff gibt, der für ein Merkmal m spezifisch ist. Zum Beispiel ist für das Merkmal ELLIPTISCH die Kategorisierung der Begriffe aus Abbildung 4.5 im Verband in Abbildung 4.9 wie folgt eingetragen:

- Spezifisch: kein Begriff.

- Relevant: Begriff Nr. 0

- Abhängig: Begriff Nr. 2 und Begriff Nr. 6.

- Geteilt: Begriffe Nr. 8, 9 und 10.

- Irrelevant: alle anderen Begriffe.

Die Definition der obigen Kategorien für Begriffe im Begriffsverband ist nicht zufällig: Die besonderen Eigenschaften von Objektbegriffen im Begriffsverband lassen sich ausnutzen.

Zunächst gilt in allen Fällen per Definition der Begriffe (da der Begriffsverband $\mathcal{B}_{RS}$ auf der „Benutzt-von"-Relation aufbaut), dass alle Routinen r in Begriff b von allen Szenarien s in Begriff b benutzt werden, und umgekehrt, dass alle Szenarien s in Begriff b alle Routinen r in Begriff b benutzen. Ist darüber hinaus der Begriff b auch der Routinebegriff für Routine r, dann gibt es **keine weiteren** Szenarien, die Routine r verwenden, sondern alle Szenarien, die Routine r verwenden, sind in diesem Begriff b versammelt.

Mit Hilfe dieser Überlegung und der Definition der obigen Begriffskategorien lassen sich nun auch die Routinen in die fünf Kategorien aus Kapitel 2.1.4 wie folgt einteilen:

1. **Spezifische Routine.** Falls es einen spezifischen Begriff b nach (4.1) im Verband $\mathcal{B}_{RS}$ gibt, sind alle Routinen r mit

$$\gamma_{RS}(r) = b \qquad (4.6)$$

spezifisch für das Merkmal m.

Beweis. Alle Szenarien, die das Merkmal m verwenden, sind durch $\sigma_{MS}(m)$ beschrieben. Gemäß der Definition des spezifischen Begriffs ist nach (4.1) $\sigma_{MS}(m) = Inhalt_{RS}(b)$. Für alle Szenarien $s \in Inhalt_{RS}(b)$ (und damit auch für alle Szenarien $s \in \sigma_{MS}(m)$) gilt per Definition des Begriffs, dass sie die Routine r benutzen. Damit ist (1a) erfüllt.

Umgekehrt findet man alle Szenarien, die die Routine r benutzen, in dem Begriff b, da diese durch $Inhalt_{RS}(b)$ beschrieben sind. Wiederum mit der Definition des spezifischen Begriffes folgt, dass genau diese Szenarien das Merkmal m verwenden, nämlich $\sigma_{MS}(m) = Inhalt_{RS}(b)$. Damit ist auch (1b) erfüllt.

2. **Relevante Routine.** Falls es einen relevanten Begriff b nach (4.2) im Verband $\mathcal{B}_{RS}$ gibt, dann sind alle Routinen r mit

$$\gamma_{RS}(r) = b \qquad (4.7)$$

relevante Routinen für das Merkmal m.

Beweis. Auch hier gilt die gleiche Überlegung wie bei den spezifischen Routinen: Alle Szenarien, die das Merkmal m verwenden, findet man im Inhalt des Begriffes b (wegen der Definition der relevanten Begriffe). Alle diese Szenarien benutzen die Routine r. Also ist (2a) erfüllt.

Auf Grund der Definition der relevanten Begriffe ist die Menge $\sigma_{MS}(m)$ der Szenarien, die Merkmal m verwenden, eine echte Teilmenge der Szenarien $Inhalt_{RS}(b)$, die Routine r benutzen. Deshalb gibt es ein Szenario $s \in (Inhalt_{RS}(b) \setminus \sigma_{MS}(m))$, das Merkmal m nicht verwendet, aber die Routine r benutzt. Damit ist (2b) erfüllt.

Falls es einen spezifischen Begriff b_m zu Merkmal m gibt, ist das äquivalent zu der Aussage, dass der Begriff b im Verband $\mathcal{B}_{RS}(K_{RS})$ unterhalb von b_m steht, also $b < b_m$.

3. **Abhängige Routine.** Falls es einen abhängigen Begriff b nach (4.3) im Verband $\mathcal{B}_{RS}$ gibt, dann sind alle Routinen r mit

$$\gamma_{RS}(r) = b \qquad (4.8)$$

abhängige Routinen für das Merkmal m.

Beweis. Die Bedingung (3a), dass ein Szenario s existiert, das die Routine r benutzt, ist erfüllt, weil nur solche Szenarien s, Merkmale m und Routinen r überhaupt in den Kontext K_{RS} aufgenommen werden.

Per Definition der abhängigen Begriffe nach (4.3) ist die Menge der Szenarien $Inhalt_{RS}(b)$, die Routine r verwenden, eine echte Untermenge von $\sigma_{MS}(m)$. Es gibt demnach ein Szenario $s \in (\sigma_{MS}(m) \setminus Inhalt_{RS}(b))$, das Merkmal m verwendet, aber die Routine r nicht benutzt. Damit ist (3b) erfüllt. Andererseits verwenden alle Szenarien s, die Routine r benutzen (das sind ja gerade die Szenarien im Begriff b), auch das Merkmal m. Deshalb ist (3c) erfüllt.

Falls es einen spezifischen Begriff b_m zu Merkmal m gibt, ist das äquivalent zu der Aussage, dass der Begriff b im Verband $\mathcal{B}_{RS}(K_{RS})$ oberhalb von Begriff b_m steht, also $b_m < b$ ist.

4. **Geteilte Routinen.** Falls es einen geteilten Begriff b nach (4.4) im Verband $\mathcal{B}_{RS}$ gibt, dann sind alle Routinen r mit

$$\gamma_{RS}(r) = b \tag{4.9}$$

geteilte Routinen für das Merkmal m.

Beweis. Die Bedingung (4a) ist per Definition erfüllt, da nach der Definition der geteilten Begriffe die Schnittmenge $\sigma_{MS}(m) \cap Inhalt_{RS}(b)$ nicht leer ist. Damit gibt es also ein Szenario s, das einerseits Merkmal m verwendet und andererseits die Routine r benutzt.

Weiter gibt es aber ein Szenario $s \in \sigma_{MS}(m)$, das Merkmal m verwendet, aber Routine r nicht benutzt ($s \notin Inhalt_{RS}(b)$), da ja $\sigma_{MS}(m) \nsubseteq Inhalt_{RS}(b)$). Damit ist (4b) erfüllt.

Schließlich gibt es auch ein Szenario $s \in Inhalt_{RS}(b)$, das Routine r benutzt, aber Merkmal m nicht verwendet ($s \notin \sigma_{MS}(m)$), da $\sigma_{MS}(m) \nsupseteq Inhalt_{RS}(b)$). Damit ist (4c) erfüllt.

Falls es einen spezifischen Begriff b_m zu Merkmal m gibt, ist das äquivalent zur Tatsache, dass der Begriff b_m und der Begriff b unvergleichbar sind.

5. **Irrelevante Routine.** Falls es einen irrelevanten Begriff b nach (4.5) im Verband $\mathcal{B}_{RS}$ gibt, dann sind alle Routinen r mit

$$\gamma_{RS}(r) = b \tag{4.10}$$

irrelevante Routinen für das Merkmal m.

Beweis. Da $\sigma_{MS}(m) \cap Inhalt_{RS}(b) = \emptyset$ gibt es kein Szenario s, das Merkmal m verwendet und Routine r benutzt. Das entspricht der Definition 5.

Beispiele Es kann vorkommen, dass es keine Routine gibt, die für ein Merkmal m spezifisch ist. Zum Beispiel ist für das Merkmal ELLIPTISCH die Kategorisierung wie in Abbildung 4.9 dargestellt:

- Spezifisch: keine.

- Relevant: Routinen `start` und `end` aus Begriff Nr. 0

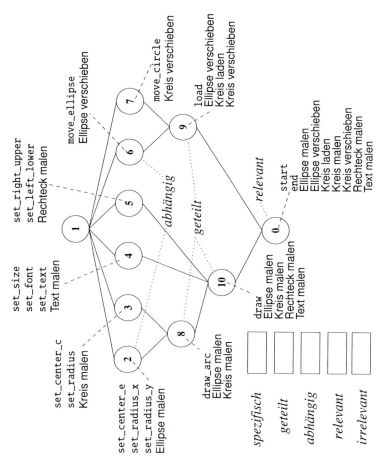

Abbildung 4.9: Der objektreduzierte Verband für die Routinen-Szenario-Abbildung aus Abbildung 4.4 mit der Kategorisierung für das Merkmal EL-LIPTISCH

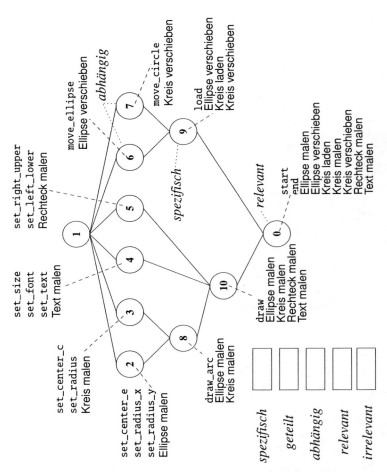

Abbildung 4.10: Der objektreduzierte Verband für die Routinen-Szenario-Abbildung aus Abbildung 4.4 mit der Kategorisierung für das Merkmal LADEN. Die nicht schraffierten Begriffe im Verband sind irrelevant für das betrachtete Merkmal.

- Abhängig: Routinen `move_ellipse` aus Begriff Nr. 6 und `set_center_e`, `set_radius_x`, `set_radius_y` aus Begriff Nr. 2.

- Geteilt: `draw_arc`, `draw` und `load` aus den Begriffen Nr. 8, 9 und 10.

- Irrelevant: alle anderen Routinen.

Für das Merkmal LADEN sind die Routinen des Verbandes aus Abbildung 4.5 folgendermaßen mit dem merkmalspezifischen Begriff Nr. 9 zu klassifizieren. Die Klassifizierung ist in Abbildung 4.10 zu sehen.

- Spezifisch: Routine `load` aus Begriff Nr. 9

- Relevant: Routinen `start` und `end` aus Begriff Nr. 0

- Abhängig: Routine `move_ellipse` aus Begriff Nr. 6 und `move_circle` aus Begriff Nr. 7

- Geteilt: keine.

- Irrelevant: alle anderen Routinen

Anmerkung   Gemäß der Definition ist der Begriff 9 spezifisch für das Merkmal LADEN. In demselben Begriff tauchen aber auch die Szenarien Ellipse verschieben und Kreis verschieben auf, die zunächst für das Merkmal LADEN nicht so ganz passend scheinen. Dass die Szenarien an dieser Stelle im Verband erscheinen, leitet sich von der Tatsache her, dass ja vor dem Verschieben der Kreise oder Ellipsen auch Kreise oder Ellipsen geladen wurden. Diese Situation sei zunächst dahingestellt; eine elegante Lösung dafür wird sich im nächsten Abschnitt ergeben.

Suche nach spezifischen Routinen   In diesem Abschnitt werden zwei Kontexte betrachtet: Zum Einen derjenige der Merkmal-Szenario-Abbildung $M \times S$, zum Anderen derjenige der Routinen-Szenario-Abbildung $R \times S$. Die Formale Begriffsanalyse wurde mit entsprechender Interpretation auf beide Kontexte angewandt und erlaubt es, die Begriffsverbände zur Klassifizierung von Routinen heranzuziehen.

Wie erfolgt in der Situation die Suche nach den spezifischen Routinen zu einem Merkmal m? Im ersten Schritt betrachtet man den Verband $\mathcal{B}_{MS}$ zur Merkmal-Szenario-Relation und sucht dort den Merkmalbegriff $b_m = \gamma_{MS}(m)$. Dieser Merkmalbegriff b_{MS} hat in seinem Inhalt (per Definition) die Menge der Szenari-

Merkmallokalisierung [$(\mathcal{M} \cup \mathcal{R}) \times \mathcal{S}$]	Formale Begriffsanalyse [$O \times \mathcal{A}$]
Merkmal/Routine m oder r	Objekt o
Menge $M \cup R$	Menge von Objekten O
Menge $\mathcal{M} \cup \mathcal{R}$	alle Objekte O
Szenario s	Attribut a
Menge von Szenarien S	Menge von Attributen A
Menge aller Szenarien $\mathcal{S}$	Menge aller Attribute $\mathcal{A}$
Relation $MS \cup B$	Inzidenzrelation $\mathcal{I}$
Szenariobegriff $\mu(s)$	Attributbegriff $\mu(a)$
Merkmalbegriff $\gamma(m)$ oder $\gamma(r)$	Objektbegriff $\gamma(o)$

Abbildung 4.11: Die Abbildung der Bezeichnungen der Merkmallokalisierung und den Begriffen der Formalen Begriffsanalyse aus Kapitel 2 bei der Merkmal-Routinen-Szenario-Abbildung

en $S = \text{Umfang}(b_{MS})$, die das Merkmal m beinhalten. Im Verband zur Routinen-Szenario-Abbildung $\mathcal{B}_{RS}$ sucht man anschließend anhand dieser Menge den Begriff b_{RS}, dessen Inhalt genau aus der Menge der Szenarien S besteht. Betrachtet man nun die Routinen r_i, für die der Begriff b_{RS} auch der Routinenbegriff $b_{RS} = \mu_{RS}(r_i)$ ist, so hat man diejenigen Routinen gefunden, die spezifisch für das Merkmal m sind.

Diese Suche und das Hin- und Herwechseln zwischen den beiden Begriffsverbänden kann man sich mit den in Abschnitt 4.2.3 folgenden Erkenntnissen sparen.

4.2.3 Integration

In diesem Abschnitt beschreibe ich die Integration der Merkmal-Szenario- und der Routinen-Szenario-Relationen. Ich zeige, wie diese beiden Kontexte mittels eines einzigen Laufs der Formalen Begriffsanalyse untersucht und interpretiert werden können. Die Szenarien treten dabei weitgehend in den Hintergrund; die wichtige Information über Merkmale und Routinen, an der der Reengineer in erster Linie interessiert ist, kann direkt am Verband abgelesen werden.

Ansatz Bei näherem Hinsehen fällt auf, dass sowohl die Merkmal-Szenario-Relation $M \times S$ als auch die Routinen-Szenario-Relation $R \times S$ definitionsgemäß die gleichen Szenariomengen, also Attributmengen, enthalten. Fasst man nun noch die beiden disjunkten Objektmengen, nämlich die Merkmale und Routinen, der Formalen Kontexte K_{MS} und K_{RS} zusammen, so erhält man einen neuen Kontext K

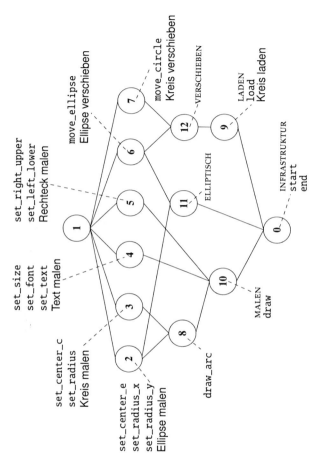

Abbildung 4.12: Die Integration der beiden Relationen

mit der Eigenschaft, dass die beiden ursprünglichen Kontexte Teilkontexte des neuen Kontexts sind.

Die Abbildung 4.12 zeigt den Begriffsverband, der durch die gemeinsame Analyse von Szenarien, Merkmalen und Routinen entsteht. Interessant sind hier besonders die Begriffe Nr. 11 und 12, die nur Merkmale, aber keine Routinen enthalten (da es nämlich zu den dortigen Merkmalen keine spezifischen Routinen gibt). Beachtenswert ist an dieser Stelle auch, dass die vormals im Begriffsverband in den Abbildungen 4.9 und 4.10 an Begriff 9 stehenden Szenarien Ellipse verschieben, Kreis laden und Kreis verschieben durch die Integration der beiden Kontexte voneinander getrennt werden und im Verband in Abbildung 4.12 auf drei unterschiedliche Begriffe verteilt sind.

Begriffsanalyse von Szenarien, Merkmalen und Routinen   Sowohl die Relation zwischen Szenarien und Merkmalen als auch die Relation zwischen Szenarien und Routinen bilden Formale Kontexte, die sich als Teilkontext der Relation zwischen Szenarien und Merkmalen plus Routinen auffassen lassen. Für diese Begriffsanalyse treten die Merkmale und die Routinen in der Rolle der Objekte auf und die Szenarien werden wieder als Attribute verwendet. Die Inzidenzrelation ist die Vereinigung der Merkmal-Szenario-Relation mit der Routinen-Szenario-Abbildung. Der Formale Kontext K ergibt sich als $K = (\mathcal{M} \cup \mathcal{R}, \mathcal{S}, \mathcal{M} \times \mathcal{S} \cup \mathcal{R} \times \mathcal{S})$.

Auf Grund der mathematischen Erkenntnisse bezüglich der Teilkontexte aus Kapitel 2.3.2 können nun die strukturellen Eigenschaften beider Verbände $\mathcal{B}_{MS} = \mathcal{B}(\mathcal{M}, \mathcal{S}, \mathcal{M} \times \mathcal{S})$ und $\mathcal{B}_{RS} = \mathcal{B}(\mathcal{R}, \mathcal{S}, \mathcal{R} \times \mathcal{S})$ auf den Verband $\mathcal{B} = \mathcal{B}(\mathcal{M} \cup \mathcal{R}, \mathcal{S}, \mathcal{M} \times \mathcal{S} \cup \mathcal{R} \times \mathcal{S})$ übertragen werden. Sowohl Begriffe in $\mathcal{B}_{MS}$ als auch Begriffe in $\mathcal{B}_{RS}$ sind wegen der Teilkontexteigenschaft der zu Grunde liegenden Kontexte auch im Begriffsverband $\mathcal{B}$ wiederzufinden.

Interpretation   Insbesondere sind auch die spezifischen Begriffe im Gesamtverband zu finden, wobei die Einteilung der Routinen in Bezug auf ein Merkmal m folgendermaßen funktioniert:

- **Spezifische Routinen.** Eine Routine r ist für ein Merkmal m spezifisch, wenn es nach den Definitionen (4.1) und (4.6) einen Begriff b' gibt und einerseits

$$\sigma_{MS}(m) = Inhalt_{RS}(b')$$

und andererseits

$$\gamma_{RS}(r) = b'$$

also

$$\sigma_{MS}(m) = Inhalt_{RS}(\gamma_{RS}(r)) = \sigma_{RS}(r)$$

Nach dem Satz 2.11 auf Seite 44 über die Abbildung von Teilbegriffsverbänden auf die „Gesamt"-Begriffsverbände gibt es dann im großen Begriffsverband $\mathcal{B}$ einen Begriff

$$b = (O, S), \text{ wobei } O = \tau(S) \text{ und } S = \sigma_{RS}(m) = \sigma_{RS}(r)$$

auf den sowohl $\sigma_{RS}(m)$ als auch $\sigma_{RS}(r)$ im Gesamtverband abgebildet werden. Die gemeinsamen Objekte dieses Begriffs b können aber per Konstruktion des Formalen Kontextes, der dem Begriffsverband $\mathcal{B}$ zu Grunde liegt, nur $O = R \cup M$ mit den Routinen und Merkmalen aus den obigen Begriffen b_{RS} und b_{MS} sein.

Weiter gilt für alle Routinen r und Merkmale m im Gesamtverband, dass

$$b = (O, S) = (O, \sigma(m)) = (\tau(\sigma(m)), \sigma(m)) = \gamma(m)$$

und auch

$$b = (O, S) = (O, \sigma(r)) = (\tau(\sigma(r)), \sigma(r)) = \gamma(r)$$

Man findet also die spezifischen Routinen r für ein Merkmal m im Gesamtverband dort, wo gilt

$$\gamma(r) = \gamma(m)$$

Anschaulich heißt das, dass in der reduzierten Darstellung des Begriffsverbandes $\mathcal{B}$ die Routinen genau bei den Merkmalen im Begriff auftauchen, für die sie speziell sind.

- **Relevante Routinen.** Eine Routine r ist relevant für ein Merkmal m, wenn es nach den Definitionen (4.2) und (4.7) einen Begriff b gibt und einerseits

$$\sigma_{MS}(m) \subset Inhalt_{RS}(b)$$

und auch

$$\gamma_{RS}(r) = b$$

und damit

$$\sigma_{MS}(m) \subset Inhalt_{RS}(\gamma_{RS}(r)) = \sigma_{RS}(r)$$

Auch im Gesamtkontext gilt, da sich an der Relation nichts ändert, dass

$$\sigma_{MS}(m) = \sigma(m) \text{ und } \sigma_{RS}(r) = \sigma(r)$$

Deshalb ist auch im großen Kontext $\sigma(m) \subset \sigma(r)$. Der Routinenbegriff für r im Gesamtverband ist durch $\gamma(r) = (\tau(\sigma(r)), \sigma(r))$ und der Merkmalbegriff für m durch $\gamma(m) = (\tau(\sigma(r)), \sigma(r))$ beschrieben. Aus der Definition der $<$-Relation im Verband ist also $\gamma(r) < \gamma(m)$ (wegen $\sigma(m) \subset \sigma(r)$) genau dann, wenn die Routine r für das Merkmal m relevant ist.

Anschaulich sind also all die Routinen für ein Merkmal m relevant, die im reduziert dargestellten Begriffsverband an Begriffen unterhalb des Merkmalbegriffs stehen.

- **Abhängige Routinen.** Ganz analog ergibt sich der Zusammenhang für die abhängigen Routinen. Eine Routine r ist abhängig für ein Merkmal m, wenn es nach den Definitionen (4.3) und (4.8) einen Begriff b gibt und einerseits

$$\sigma_{MS}(m) \supset Inhalt_{RS}(b)$$

sowie gleichzeitig

$$\gamma_{RS}(r) = b$$

und somit

$$\sigma_{MS}(m) \supset Inhalt_{RS}(\gamma_{RS}(r)) = \sigma_{RS}(r)$$

Wieder gilt im Gesamtkontext, da sich an der Relation nichts ändert, dass

$$\sigma_{MS}(m) = \sigma(m) \text{ und } \sigma_{RS}(r) = \sigma(r)$$

Deshalb ist wiederum im großen Kontext $\sigma(m) \supset \sigma(r)$.

Wie oben ist der Routinebegriff für r im Gesamtverband durch $\gamma(r) = (\tau(\sigma(r)), \sigma(r))$ und der Merkmalbegriff für m durch $\gamma(m) = (\tau(\sigma(r)), \sigma(r))$ beschrieben. Aus der Definition der $<$-Relation im Verband ist also $\gamma(m) < \gamma(r)$ (wegen $\sigma(m) \supset \sigma(r)$) genau dann, wenn die Routine r für das Merkmal m abhängig ist.

Anschaulich sind also all die Routinen für ein Merkmal m abhängig, die im reduziert dargestellten Begriffsverband an Begriffen oberhalb des Merkmalbegriffs stehen.

- **Geteilte Routinen.** Auch die Eigenschaften geteilter Routinen bleiben beim Übergang in den Gesamtkontext erhalten. Eine Routine r ist geteilt für ein Merkmal m, wenn es nach den Definitionen (4.4) und (4.9) einen Begriff b gibt und einerseits

$$(i) \quad \sigma_{MS}(m) \cap Inhalt_{RS}(b) \neq \emptyset$$
$$(ii) \quad \sigma_{MS}(m) \not\supseteq Inhalt_{RS}(b)$$
$$(iii) \quad \sigma_{MS}(m) \not\subseteq Inhalt_{RS}(b)$$

sowie gleichzeitig

$$\gamma_{RS}(r) = b$$

und deshalb also

$$(i) \quad \sigma_{MS}(m) \cap \sigma_{RS}(r) \neq \emptyset$$
$$(ii) \quad \sigma_{MS}(m) \not\supseteq Inhalt_{RS}(\gamma_{RS}(r)) = \sigma_{RS}(r)$$
$$(iii) \quad \sigma_{MS}(m) \not\subseteq Inhalt_{RS}(\gamma_{RS}(r)) = \sigma_{RS}(r)$$

Da sich die Relation für die Teilkontexte nicht ändert, gilt auch im Gesamtverband, dass die geteilten Routinen an den Begriffen zu finden sind, für die gilt

$$(i) \quad \sigma(m) \cap \sigma(r) \neq \emptyset$$
$$(ii) \quad \sigma(m) \not\supseteq Inhalt(\gamma(r)) = \sigma(r)$$
$$(iii) \quad \sigma(m) \not\subseteq Inhalt(\gamma(r)) = \sigma(r)$$

Mit der Argumentation von oben folgt, dass geteilte Routinen diejenigen Routinen r sind, für die der Routinenbegriff $\gamma(r)$ nicht vergleichbar ist mit dem Merkmalbegriff $\gamma(m)$ und zwischen den abhängigen und den relevanten Begriffen im Verband steht, also $b_{relevant} < b < b_{abh}, b \neq \gamma(m)$, für relevante und abhängige Begriffe (mit Ausnahme des spezifischen Begriffes, weil dort die Bedingungen (*ii*) und (*iii*) verletzt sind).

- **Irrelevante Routinen.** Eine Routine r ist irrelevant für ein Merkmal m, wenn es nach den Definitionen (4.5) und (4.10) einen Begriff b' gibt und einerseits

$$\sigma_{MS}(m) \cap Inhalt_{RS}(b') = \emptyset$$

sowie gleichzeitig

$$\gamma_{RS}(r) = b'$$

und somit

$$\sigma_{MS}(m) \cap \sigma_{RS}(r) = \emptyset$$

Wieder gilt im Gesamtkontext, da sich an der Relation nichts ändert, dass

$$\sigma_{MS}(m) = \sigma(m) \text{ und } \sigma_{RS}(r) = \sigma(r)$$

Deshalb ist wiederum im großen Kontext $\sigma(m) \cap \sigma(r) = \emptyset$.

Im Begriffsverband finden sich die irrelevanten Routinen an den Begriffen, die nicht mit dem Merkmalbegriff $\gamma(m)$ vergleichbar sind und die nicht zwischen relevanten und abhängigen Begriffen eingeschlossen sind.

Durch die Klassifizierung werden alle Begriffe in $\mathcal{B}$ erfasst. Die Bedeutung der Szenarien S, sprich der Attribute des Begriffsverbands, ist weiter zurückgedrängt. Primär betrachtet man nur noch die Verhältnisse von Merkmalen m und Routinen r. Für das Beispielmerkmal LADEN sind die Verhältnisse in Abbildung 4.13 wiedergegeben. In Begriff 9 ist die Routine load spezifisch zum Merkmal LA-DEN. Die Routinen move_circle und move_ellipse in den Begriffen 6 und 7 sind abhängig von LADEN. Im Begriff 0 befinden sich die relevanten Routinen start und end. Die restlichen Routinen sind für LADEN irrelevant; geteilte Routinen für LADEN sind keine im Verband vorhanden (diese würden gegebenenfalls in Begriff 11 erscheinen).

Für das Beispielmerkmal ELLIPTISCH ist die Aufteilung der Routinen zu sehen in Abbildung 4.14. Für ELLIPTISCH gibt es keine spezifischen Routinen; abhängig sind die Routinen move_ellipse in Begriff 6 sowie set_center_e, set_radius_x und set_radius_y im Begriff 2. Die Routinen draw_arc, draw und load aus den Begriffen 8, 9 und 10 sind für ELLIPTISCH geteilt; relevant sind auch hier die Routinen start und end aus dem Begriff 0. Die Routinen in den Begriffen 1 und 3–6 sind für die Betrachtung von ELLIPTISCH irrelevant.

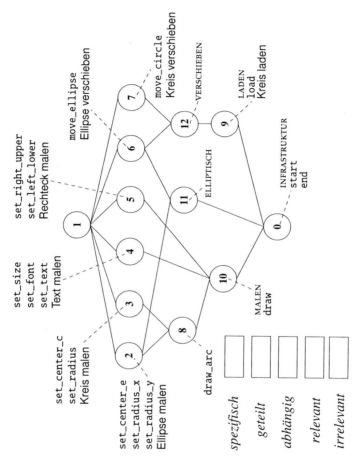

Abbildung 4.13: Die Klassifizierung der Routinen für das Merkmal LADEN im Gesamtverband $\mathcal{B}$

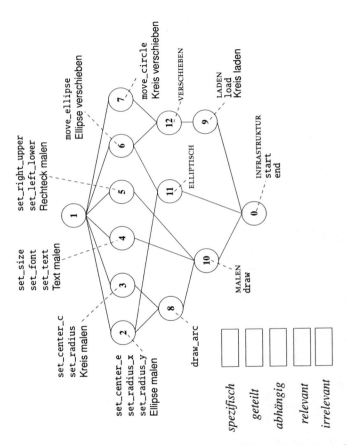

Abbildung 4.14: Das Merkmal ELLIPTISCH und die Aufteilung der Routinen des Laufbeispiels anhand der Relation aus Abbildung 4.6

Anmerkung Im vorigen Abschnitt 4.2.2 hatte der Verband am Begriff 9 in den Abbildungen 4.10 und 4.9 noch die Szenarien Ellipse verschieben, Kreis laden und Kreis verschieben an einen Begriff gruppiert (der dazu noch spezifisch für das Merkmal LADEN war). Durch die Integration der beiden Formalen Kontexte sind jetzt die drei Szenarien auf drei Begriffe im Verband in den Abbildungen 4.13 und 4.14 verteilt und diese missverständliche Interpretation des Verbandes ist ausgeschlossen. Darüberhinaus kann man an dem integrierten Verband erkennen, dass das Merkmal VERSCHIEBEN das Merkmal LADEN voraussetzt, da der Merkmalbegriff von LADEN im Verband kleiner ist als der Merkmalbegriff von VERSCHIEBEN, also $\gamma(\text{LADEN}) < \gamma(\text{VERSCHIEBEN})$.

4.3 Zusammenfassung

In diesem Kapitel wurde beschrieben, wie auf der Basis der Formalen Begriffsanalyse und einer passenden Interpretation, Routinen (oder allgemeinere Berechnungseinheiten) in Bezug auf bestimmte Merkmale gemäß ihrer Spezifität zu klassifizieren. Dabei wird die Formale Begriffsanalyse gleichzeitig auf die Relationen zwischen Szenarien und Merkmalen und Szenarien und ausgeführten Routinen angewandt und ein aussagekräftiger Begriffsverband berechnet. Diese Relationen werden als gegeben und vollständig vorausgesetzt; hat man diese Beziehungen, so kann man mathematisch fundierte Aussagen treffen.

Zurückgestellt bleibt noch die Frage, woher denn in der Praxis die beiden Relationen stammen. Die Antwort darauf wird in Kapitel 5 gegeben.

Kapitel 5

Dynamische und statische Information

> *"That which is static and repetitive is boring. That which is dynamic and random is confusing. In between lies art."*
>
> – *John A. Locke*

Das Problem, das im vorigen Kapitel 4 ungelöst blieb, ist das in der Praxis viel zu aufwändige händische Erstellen der Routinen-Szenario-Relation. Während das Aufstellen der Relation zwischen Szenarien und Merkmalen noch überschaubar und von einem Anwendungsexperten umsetzbar ist, kann die Erstellung der Routinen-Szenario-Relation bei realistischen Programmen nicht mehr von Hand bewältigt werden. In der Praxis muss die Relation zwischen Szenarien und Routinen, die ja die Eingangsdaten für die Begriffsanalyse darstellt, automatisiert gewonnen werden. Der Lösungsansatz, den ich hierzu verfolge, beruht auf der Verwendung dynamischer Information, also von Informationen über das Programm, die zur Laufzeit gewonnen werden.

In diesem Kapitel beschreibe ich, wie die Routinen-Szenario-Relation dynamisch gewonnen werden kann. Mit der Verwendung von dynamischer Information fällt die Annahme 2 aus Kapitel 4.1.1, die die Vollständigkeit dieser Relation betrifft. Darüber hinaus ziehe ich auch die Tatsache in Betracht, dass nicht alle Szenarien und Merkmale eines Programms zu Beginn der Analyse zur Verfügung stehen, wie es in Annahme 3 gefordert wurde. Stattdessen schaffe ich eine Möglichkeit, die Szenarien schrittweise der Untersuchung zuzuführen.

Überblick   In Abschnitt 5.1 diskutiere ich, wie die dynamische Information gewonnen werden kann und welche Vor- und Nachteile die Verwendung dynamischer Daten im Zusammenhang mit der Merkmallokalisierung hat. Insbesondere werden auch die Konsequenzen für den berechneten Begriffsverband erläutert. Im Anschluss kläre ich in Abschnitt 5.2, wie die Nachteile der dynamischen Eingabedaten durch Abgleich der Ergebnisse der Begriffsanalyse mit statischen Daten wieder kompensiert werden können.

5.1   Erhebung dynamischer Daten

Bei größeren Programmen ist es einem Software-Entwickler in der Praxis nicht ohne Weiteres möglich, die Beziehung zwischen den Szenarien und den Routinen oder gar den Merkmalen und den Routinen vollständig und korrekt wiederzugeben. Es gibt jedoch bei einer bestehenden Software die Möglichkeit, zumindest die Beziehung zwischen Szenarien und Routinen aus dem vorhandenen Programm annähernd abzuleiten, indem man dynamische Daten aus dem Programmlauf mittels der Instrumentierung des Programms erhebt. Dieses Vorgehen ist in Abschnitt 5.1.1 genauer beschrieben.

Die Verwendung solcher dynamischer Information hat Vor- und Nachteile, die in Abschnitt 5.1.2 näher besprochen werden. Die Nachteile lassen sich zum Teil wieder kompensieren, indem die Aussagen der Begriffsanalyse mit statischen Daten abgeglichen werden oder aber der Anwender der Merkmallokalisierung zusätzliche Informationen noch von Hand in die dynamisch gewonnene Information einfügt. Die Auswirkungen, die der Einsatz dynamischer Information auf die Begriffsanalyse hat, führe ich in Abschnitt 5.1.3 aus.

Damit die Analyse als „bedarfsgetriebene" Analyse durchgeführt werden kann, muss es möglich sein, einige der Szenarien zunächst zu ignorieren und erst später in der Analyse zu verwenden. Das ist zum Einen sinnvoll, wenn man nur an einem Teil der Merkmale des Programms interessiert ist. Zum Anderen ist die vollständige Menge der Merkmale und die vollständige Menge der Szenarien nur fiktiv, und man wird in der Praxis immer mit jeweils einer Teilmenge arbeiten müssen.

Die Auswirkungen der Verwendung von Teilmengen der gesamten Szenariomenge in Hinsicht auf die Kategorisierung von Begriffen und Routinen erläutere ich in Abschnitt 5.1.4. Dabei fällt als Nebeneffekt die Möglichkeit ab, die Merkmallokalisierung inkrementell durchzuführen.

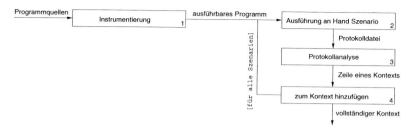

Abbildung 5.1: Das Einsammeln dynamischer Daten zur Vorbereitung der Merkmallokalisierung

5.1.1 Erhebung der Daten

Das Ziel der Datenerhebung ist das Aufstellen der Benutzt-Relation $S \times R$ zwischen Szenarien und Routinen des Programms in Form der Tabelle eines Formalen Kontextes K_{RS}. Die Erhebung der dynamischen Daten erfolgt in mehreren Schritten und ist in Abbildung 5.1 skizziert.

Ablauf Zunächst muss das zu analysierende Programm geeignet instrumentiert werden (Schritt 1). Dies lässt sich auf unterschiedliche Arten bewerkstelligen. Eine Möglichkeit ist die Verwendung entsprechender Compiler-Optionen beim Erzeugen des ausführbaren Maschinencodes. Die technischen Details variieren; Näheres hierzu findet sich in den technischen Grundlagen in Kapitel 2.2.

Durch das Ausführen des Programms anhand eines Szenarios erhält man bei jeder Ausführung ein Programmprotokoll (Schritt 2). Aus diesem Programmprotokoll kann man im nächsten Schritt eine Zeile des Routinen-Szenario-Kontexts für das jeweilige Szenario durch Analyse der Protokolldatei gewinnen (Schritt 3). Führt man jedes der vorgegebenen Szenarien aus und analysiert das entsprechende Protokoll (wiederholt man also die Schritte 2 und 3 für jedes Szenario), so erhält man insgesamt den Formalen Kontext der Routinen-Szenario-Relation (Schritt 4).

Bei der Gewinnung der tatsächlichen Zeilen des Kontexts gibt es in Schritt 3 noch einen gewissen Freiraum für implementierungstechnische Details, die von den Profilen oder Spuren abhängen und vom jeweiligen Gesamtkontext. Grundsätzlich gibt es die Möglichkeit, das Programmprofil oder die Programmspur zur Gewinnung der Daten heranzuziehen. Ersteres führt zum Verlust der Information über die Ausführungsreihenfolge und Letzteres zu praktisch nicht mehr handhabbaren Datenmengen. Da bei der Merkmallokalisierung, wie in Kapitel 4 beschrieben, die Reihenfolge ohnehin nicht berücksichtigt wird, ziehe ich Ausführungsprofile vor.

Varianten Bei dem vorgestellten Vorgehen zur Erhebung der dynamischen Daten ist es möglich, die Iteration an einer beliebigen Stelle abzubrechen und die Merkmallokalisierung mit einem Teil des Kontexts zur Relation von Szenarien und Routinen durchzuführen. Mittels der Verwendung eines Teilkontextes bietet die Merkmallokalisierung die in der Praxis nahe liegende Möglichkeit, nur einen Teil der Merkmale (und damit der Szenarien) mathematisch fundiert zu untersuchen. Die Verwendung von unvollständiger Information hat allerdings Konsequenzen für die Aussagen des Begriffsverbandes.

Das Erheben der Daten lässt sich eventuell durch Wiederverwendung von Testfällen vereinfachen. Oft ist es aber so, dass Testfälle nur eingeschränkt geeignet sind, wenn die durch Testfälle gelieferten Szenarien nicht auf Abdeckung von Funktionalitäten ausgelegt sind, sondern die Struktur der Software testen.

5.1.2 Vor- und Nachteile

Die Benutzung von dynamischen Daten, die durch die Ausführung eines Programms gewonnen werden, hat sowohl Vorteile als auch einige Nachteile. Eine ausführliche Diskussion von Vor- und Nachteilen dynamischer Tests findet sich etwa bei Frühauf u. a. (1997) oder bei Liggesmeyer (2002). Die dort getroffenen Aussagen lassen sich zum Teil auch auf die Ausführung von Szenarien für die Zwecke meiner Merkmallokalisierung übertragen.

Vorteile dynamischer Daten Zunächst ist das Erheben der Daten in vielen Fällen einfach, schnell und billig zu bewerkstelligen, da in modernen Entwicklungsumgebungen die Werkzeuge zum Erzeugen von Protokolldateien in Form von Spuren oder Profilen ohnehin vorhanden und ohne weiteren Aufwand einsetzbar sind. Allerdings ist dabei zu beachten, dass das Erzeugen von Spurprotokollen zu Datenmengen führen kann, die nicht mehr zu bewältigen sind.

Ein weiterer Vorteil ist, dass die dynamischen Daten ein exaktes Bild des Laufzeitverhaltens wiedergeben und keine konservativen Annahmen erfordern, wie dies bei entsprechenden statischen Analysen notwendig ist. Die gewonnenen Daten sind korrekt und präzise in Bezug auf den jeweiligen Programmlauf und enthalten keinerlei Ungenauigkeiten, wie sie durch Abschätzungen einfließen, die bei statischen Analysen zwangsläufig gemacht werden müssen. Es gibt bei der dynamischen Analyse keine Probleme mit Callback-Mechanismen in unbekannte Bibliotheken – ein Problem, das mit statischen Analysen nicht oder nur sehr schwer lösbar ist. Das Verhalten des Programms bleibt trotz solcher Callback-Mechanismen weiterhin beobachtbar. Schließlich entfallen die bei statischen Analysen notwendigen teuren und konservativen Zeigeranalysen gänzlich.

Nachteile dynamischer Daten Dagegen hat die Verwendung dynamischer Daten auch einige prinzipielle und technische Nachteile. Zum Einen sind die Daten nur korrekt in Bezug auf einen Programmlauf. Man erhält also eine Aussage über die Szenarioausführung anstatt eine Aussage über das Szenario *per se*.

Bei der hier geschilderten Vorgehensweise können nur ausführbare funktionale Entitäten der Programmquellen erfasst werden. Typinformation oder deklarative Programmteile bleiben unberücksichtigt, wenn sie keine Ausführung von Code zur Laufzeit erzwingen, und müssen mit späteren statischen Analysen der Programmquellen wieder gewonnen werden. Die in Kapitel 2.1.4 beschriebene Kategorisierung wird also zunächst nicht mehr auf Grund der abstrakten „benutzt"-Relation vorgenommen, sondern nur noch auf den durch die Ausführung ermittelten Programmeinheiten und deren möglichen Ausführungseigenschaften.

Wenn Szenarien leichte Varianten aufweisen, kann es passieren, dass die Routinen für diese Szenarien und Merkmale unvollständig erfasst werden. Da es bei realistischen Programmen sehr schwer bis unmöglich ist, Szenarien immer auf die gleiche Weise auszuführen, verliert man einerseits die Vollständigkeit der Beziehung von ausgeführtem Szenario zu den Routinen und zum anderen den Determinismus bei der Ausführung[1]. Die Unschärfen bei der Ausführung ziehen das Problem nach sich, dass bei Ausführung des selben Merkmals eventuell unterschiedliche Routinen in den Protokollen erfasst werden. Da darüber hinaus die Erfassung aller Eingangsdaten eines Programms bei realistischen Systemen schwierig ist, können nicht-realisierte Pfade, die für die Programmanalyse wichtig sind, aus der Betrachtung der dynamischen Eigenschaften herausfallen.

Des Weiteren können die bei der Erhebung der Daten erzeugten Datenmengen unhandhabbar groß werden. Falls man Spuren als Protokollmittel verwendet, hat

---

[1]Der Determinismus geht oft auch bereits dann verloren, wenn man lediglich sequentielle Programme betrachtet: Häufig werden Timer verwendet, oder die untersuchten Programme merken sich ihren Zustand über mehrere Programmausführungen hinweg und reagieren unterschiedlich auf das vermeintlich selbe Szenario.

das praktische Relevanz und kann die Analyse schlicht verhindern. Bei Profilen skaliert dagegen das Verhalten – auch mehrere Millionen Zeilen Code lassen sich noch verarbeiten.

5.1.3 Folgen der Verwendung dynamischer Daten

Die gewonnene Relation beschreibt, welche Routinen von welchem Szenario tatsächlich ausgeführt wurden. Sie beschreibt **nicht**, welche Routinen hätten ausgeführt werden können. Einerseits heißt dies, dass nicht realisierte Pfade verpasst werden; leichte Variationen in den Szenarien führen also eventuell zu leicht unterschiedlichen Resultaten. Andererseits wird eine zu konservative Abschätzung, etwa bei Funktionszeigern, vermieden, und nur die Aufrufe werden gewertet, die auch wirklich in dem Szenario stattgefunden haben.

Ein weiterer Aspekt, der noch berücksichtigt werden muss, ist der Verlust eines Teils der Merkmale, die man mittels der Merkmallokalisierung finden kann. Hat man statische Information über die Beziehung von Szenarien, Merkmalen und Routinen, so kann man *alle* funktionalen Merkmale finden. Die Merkmale, die auf der Grundlage der zur Laufzeit ermittelten Szenario-Routinen-Relation bearbeitet werden können, sind aber primär die vom Benutzer fassbaren Merkmale.

Aus dem Kontext, der durch die Analyse der dynamischen Programminformation gewonnen wird, und dem daraus berechneten Begriffsverband lässt sich direkt ablesen, welche Routinen für die verschiedenen Szenarien ausgeführt wurden. Da diese Daten dynamisch gewonnen wurden, ist dieses Bild des Programms möglicherweise auf Grund der Unschärfen bei der Ausführung der Szenarien unvollständig. Deshalb ist aus dem Begriffsverband nicht mehr abzulesen, ob einzelne Szenarien wirklich alle Routinen ausgeführt haben, die (in leicht modifizierten Ausgangsituationen) möglicherweise hätten ausgeführt werden können. Es können folglich keine Aussagen über nicht realisierte, potentielle Pfade bei der Programmausführung getroffen werden. Auch der Verband trifft damit keine Aussagen mehr zu den Szenarien *per se*, sondern vielmehr zu der *Ausführung* der Szenarien.

Gleichermaßen verhält es sich, wenn man die Merkmallokalisierung schrittweise durchführt. Wenn nur ein Teil der zu Anfang definierten Szenarien ausgeführt wird, also Szenarien schrittweise der Merkmallokalisierung zugeführt werden, kann es ebenfalls sein, dass Routinen nicht benutzt werden, die bei der vollständigen Verwendung aller Szenarien ausgeführt worden wären.

Da nun aber die Anzahl der betrachteten Szenarien begrenzt ist, kann es sein, dass Routinen in einem Begriff auftauchen, in den sie nach Hinzunahme weiterer Szenarien nicht mehr als Objektbegriff gehören würden. Weiter sind die Routinen nicht nur für das gerade untersuchte Merkmal notwendig, sondern möglicherweise auch noch für andere Merkmale aus dem Begriff. Aus diesen Gründen müssen die Routinen manuell auf ihre „Spezifizität" überprüft werden. Eine solche Prüfung kann nicht vollautomatisch durchgeführt werden, da keine hinreichenden Kriterien bekannt sind, die spezifischen von unspezifischem Code zuverlässig trennen.

5.1.4 Auswirkung auf die Kategorisierung

Sowohl bei der Verwendung von dynamischer Information, die aus Szenarien gewonnen wird, als auch bei der schrittweisen Analyse von Kontexten entsteht das Problem, dass Routinen, die zu einem Merkmal beitragen, fehlerhafterweise nicht ausgeführt und damit nicht in der Routinen-Szenario-Relation in Beziehung zueinander gesetzt werden. Die Auswirkungen dieser nicht ausgeführten Programmeinheiten auf die Resultate der Formalen Begriffsanalyse und der Kategorisierung der Programmeinheiten stellen sich folgendermaßen dar.

Nicht-ausgeführte Routinen Die Auswirkung von nicht-ausgeführten Pfaden auf die Kategorisierung der dadurch verpassten Routinen lässt sich bei der Betrachtung der fünf Kategorien des Formalen Kontexts beschreiben, bei dem die vollständige statische Information erfasst wurde („statischer Verband"). Im Verband, der auf der Grundlage der dynamischen Benutzt-von-Relation erstellt wird („dynamischer Verband"), ändert sich die Kategorisierung der verpassten Routinen. Denn hat die dynamische Analyse bei der Anwendung der verschiedenen Szenarien alle Ausführungen von Routine r in einem oder mehreren der an der Begriffsanalyse beteiligten Szenarien verpasst, dann fallen diese Szenarien aus der Menge der gemeinsamen Szenarien von Routine r heraus. In Bezug auf ein bestimmtes Merkmal m ändert sich die Kategorisierung gemäß der folgenden Überlegungen:

1. Falls Routine r spezifisch für Merkmal m ist, gilt $\gamma(r) = \gamma(m)$ und damit, dass $\sigma(r) = \sigma(m)$. Bei Wegfall einer oder mehrerer Szenarien ist im dynamischen Kontext $\sigma(r) \subset \sigma(m)$. Das heißt aber nichts anderes, als dass $\gamma(r) > \gamma(m)$ ist und damit Routine r als abhängig von Merkmal m kategorisiert wird.

2. Falls Routine r relevant für Merkmal m ist, gilt $\gamma(r) < \gamma(m)$ und damit, dass $\sigma(r) \supset \sigma(m)$. Falls die Routine r nicht ausgeführt wird, kann es zu unterschiedlichen Situationen kommen:

   (a) Falls $\sigma(r) = \sigma(m)$ im dynamischen Verband ist, dann wird die Routine r als spezifisch für Merkmal m aufgefasst.

   (b) Ist $\sigma(r) \subset \sigma(m)$, so wird man im dynamischen Verband die Routine r als abhängig von Merkmal m ansehen.

   (c) Die dritte Möglichkeit ist, dass $\sigma(r) \not\subset \sigma(m)$ und $\sigma(r) \not\supset \sigma(m)$ und $\sigma(r) \cap \sigma(m) \neq \emptyset$ ist. Damit gilt im dynamischen Verband Routine r als geteilt für Merkmal m.

3. Falls Routine r abhängig von Merkmal m ist, gilt $\gamma(r) > \gamma(m)$ und damit, dass $\sigma(r) \subset \sigma(m)$. In dem Fall, dass Routine r nicht ausgeführt wird, bleibt auch im dynamischen Verband $\sigma(r) \subset \sigma(m)$ und damit die Routine weiterhin abhängig von Merkmal m.

4. Falls Routine r geteilt für Merkmal m ist, so gilt per Definition $\sigma(r) \not\subset \sigma(m)$ und $\sigma(r) \not\supset \sigma(m)$ und $\sigma(r) \cap \sigma(m) \neq \emptyset$. Fallen Szenarien aus den gemeinsamen Szenarien von Routine r heraus, so ergeben sich die folgenden Möglichkeiten im dynamischen Verband:

   (a) Fallen nur die Szenarien aus $\sigma(r)$ weg, die in $\sigma(m)$ nicht vorhanden sind, dann entsteht die Situation, dass $\sigma(r) \subset \sigma(m)$ und damit die Routine r relevant für Merkmal m ist.

   (b) Fallen hingegen alle Szenarien aus der Schnittmenge aus $\sigma(r)$ weg und wird damit $\sigma(r) \cap \sigma(m) = \emptyset$, dann ist Routine r irrelevant für Merkmal m.

5. Irrelevante Routinen bleiben irrelevant, da im statischen Verband für solche Routinen bereits $\sigma(r) \cap \sigma(m) = \emptyset$ gilt und derartige Aufrufe einer Routine r sicher nicht erfolgen können.

Über diese aufgeführten fünf Fälle hinaus können verpasste Routinen auch ganz aus dem Formalen Kontext herausfallen, wenn sie nämlich überhaupt nicht mehr ausgeführt werden. Der Übergang der Kategorien auf Grund von nicht ausgeführten Pfaden ist in Abbildung 5.2 dargestellt.

Kategorie im statischen Verband	Kategorie im dynamischen Verband
spezifisch	abhängig
relevant	spezifisch
	abhängig
	geteilt
abhängig	abhängig
geteilt	relevant
	irrelevant
irrelevant	irrelevant

Abbildung 5.2: Verschiebung der Kategorisierung von Routinen, die nicht ausgeführt wurden, im Vergleich zur Kategorisierung bei vollständiger Information

Schrittweise Analyse der Szenarien Die schrittweise Verwendung der Szenarien, also die bedarfsgetriebene Analyse des Programms, lässt sich mittels der Verhältnisse von Formalen Kontexten und Teilkontexten fassen. Dabei ist der vollständige Kontext derjenige mit allen Szenarien; die jeweiligen Teilkontexte sind die Kontexte, die in Zwischenschritten analysiert werden. Formalisiert ist also $K = (\mathcal{M} \cup \mathcal{R}, \mathcal{S}, \mathcal{I})$ der größte Kontext mit den Teilkontexten der Form $K' = (\mathcal{M} \cup \mathcal{R}, \mathcal{S}', \mathcal{I}')$, wobei $\mathcal{S}' \subseteq \mathcal{S}$ und die Relation $\mathcal{I}'$ die auf die Szenarien $\mathcal{S}'$ eingeschränkte Relation $\mathcal{I}$ ist.

Mit Hilfe des Satzes (2.11) und der mathematisch fundierten Abbildung (2.12) auf Seite 44 kann nun folgende Beobachtung gemacht werden. Sind $O \subset \mathcal{M} \cup \mathcal{R}$, $A \subset \mathcal{S}$ und ist $b' = (O, A)$ ein Begriff im Verband, der zum Teilkontext $\mathcal{B}(K')$ gehört, dann findet man den durch die Abbildung (2.12) entsprechenden Begriff b zu b' im Begriffsverband $\mathcal{B}(K)$. Dabei ist dann $b = (O, \sigma(O))$. Dabei gilt, dass $\sigma(O) \supseteq \mathcal{S}'$ ist, da die Relation nur erweitert wird und beim Übergang von Formalen Teilkontext K' zum Kontext K nur zusätzliche Szenarien betrachtet werden, ohne die Relation der bereits vorher erfassten Szenarien und Routinen. Wenn aber der Begriff b mehr Szenarien enthält als der Begriff b', folgt, dass die Klassifizierung der Routinen im Verband des größeren Kontexts möglicherweise „allgemeiner" oder „weniger spezifisch" für die Merkmale aus dem Begriff ausfällt. Die umgekehrte Änderung der Klassifikation hingegen ist nicht möglich.

Beispielsweise könnte ein Begriffsverband Operationen auf einer Liste als merkmalspezifisch zu einem Merkmal m ausweisen, weil in der gesamten Menge der untersuchten Szenarien kein anderes Szenario ein Merkmal benutzt, das Listen verwendet. Kommt dann ein weiteres Szenario hinzu, das eben diese Verwendung von Listen in der Relation etabliert, wird die Begriffsanalyse die Kategorisierung anpassen und die für die Liste spezifischen Routinen im größeren

Verband als spezifisch für Listen erkennen. Die Routinen sind dann eventuell nur noch relevant für Merkmale, für die sie vorher spezifisch waren.

Benutzersicht   Die Auswirkungen der Imperfektion der Formalen Kontexte und damit der Begriffsverbände haben Einfluss auf die Verwendung der Information, die aus dem Begriffsverband abgeleitet werden kann.

Beim Programmverstehen muss der Benutzer berücksichtigen, dass nicht-ausgeführte Routinen nicht im Verband auftauchen, auch wenn sie für das Verstehen wichtig wären. Diese Routinen sollen durch die nachfolgende statische Analyse des ASDG erkannt werden.

Während im perfekten Verband die spezifischen Routinen Aussagen über „Change Impact" zulassen, können die Einschränkungen bei unvollständiger Information über fehlende Routinen und fehlende Szenarien nicht mehr gehalten werden. Auch hier wird die statische Analyse wichtig.

Nachfolgende Analysen   Sowohl bei den verpassten Routinen als auch bei der schrittweisen Verwendung der Szenarien ist eine der Formalen Begriffsanalyse nachfolgende statische Analyse, also ein Abgleich der Information aus dem Begriffsverband mit statischer Information aus dem Quelltext dringend geboten, um die durch die Unsicherheit der dynamischen Daten eingeführte Aufweichung der Begriffsanalyseergebnisse wenigsten zum Teil wieder zu kompensieren. Bei der praktischen Anwendung der Merkmallokalisierung bleibt zu hoffen (und wird auch in Kapitel 6 in der Praxis bestätigt), dass das Problem der verpassten Routinen nur geringen Einfluss auf die Struktur der Begriffsverbände hat.

5.2   Abgleich mit statischer Information

Ziel des Abgleichs der Klassifizierung der Routinen durch die Formale Begriffsanalyse mit statischer Information ist es zum Einen, die vom Begriffsverband aufgestellten Hypothesen bei der Kategorisierung der Routinen entweder zu widerlegen oder zu bestätigen. Der Abgleich der Information aus dynamischer Begriffsanalyse mit statischer Information aus den Programmquellen erfolgt mittels einer Suche auf dem ASDG des untersuchten Programms.

Zum Zweiten sollen die deklarativen Anteile der Programmquellen wieder in die Suche nach Merkmalen im Quelltext mit einbezogen werden. Dazu wird dieser ASDG mit den Informationen über Szenarien, Merkmale und Routinen verknüpft,

Abbildung 5.3: Die statische Suche auf dem ASDG anhand des Begriffsverbandes

die bei der Ausführung des Programms ermittelt wurden. Der Begriffsverband kann im Zusammenspiel mit dem ASDG die manuelle Überprüfung der Klassifikation einer Programmeinheit in Bezug auf ein Merkmal stark vereinfachen und Hilfestellung bei der Aufgabe geben, diese Prüfung möglichst effizient zu gestalten. Um die endgültige Einteilung der Programmeinheiten in Kategorien vorzunehmen, gehe ich nun wie in Abbildung 5.3 skizziert vor:

- Als erste Annäherung an die Menge der tatsächlich merkmalspezifischen Routinen sammele ich Routinen aus dem Begriffsverband auf, um mit dieser Startmenge die Suche zu beginnen. Der Aufbau der Startmenge wird in Abschnitt 5.2.1 näher ausgeführt.

- Diese erste Näherung wird durch Hinzufügen und Entfernen von Routinen verbessert. Diese Navigation auf dem ASDG wird in Abschnitt 5.2.2 beschrieben.

- Im Anschluss daran wird in Abschnitt 5.2.3 diskutiert, wie die deklarativen Anteile mit in die Suche nach Merkmalen einbezogen werden können.

- Zur Unterstützung der Navigation auf dem ASDG können weitere statische Analysen herangezogen werden. Diese Möglichkeit wird in Abschnitt 5.2.4 vertieft.

5.2.1 Aufbau der initialen Suchmenge

Zur Suche nach den Programmteilen, die für ein Merkmal m vermutlich besonders wichtig sind, startet man die Suche mit den spezifischen Routinen des Merkmals m und bildet mit diesen die Startmenge. Falls es keine spezifischen Routinen zu Merkmal m gibt, werden alle abhängigen und relevanten Routinen r in Nachbarbegriffen b_i des Begriffsverbandes zum Merkmalbegriff b mit $b = \gamma(m)$ zur Startmenge hinzugefügt.

Diese Startmenge wird im Folgenden mit $S_{start}(m)$ bezeichnet. Im Beispiel in den Abbildungen 4.13 und 4.14 für die Merkmale LADEN und ELLIPTISCH sind diese Mengen

$$S_{start}(\text{LADEN}) = \{\texttt{load}\}$$

und

$$S_{start}(\text{ELLIPTISCH}) = \{\texttt{move\_ellipse}, \texttt{set\_center\_e}, \texttt{set\_radius\_x}, \dots, \texttt{end}\}$$

Wenn man an mehr als einem Merkmal zugleich interessiert ist, vereinigt man einfach die Startmengen der verschiedenen Merkmale und verfolgt denselben Ansatz.

5.2.2 Suche auf dem ASDG

Im nächsten Schritt untersuche ich den Teil des ausführbaren statischen Abhängigkeitsgraphen, der die Kontrollflussvorgänger und -nachfolger der Routinen aus $S_{start}(m)$ enthält. Falls eine Routine nicht mit wenigstens einem Szenario in Verbindung steht, wurde sie auch durch die Gesamtmenge der Szenarien S nicht ausgeführt und kann im ersten Schritt bei der Suche ausgeschlossen werden. Teile des Programms, die durch die Laufzeitprotokolle nicht erfasst werden (etwa deklarative Anteile und Typinformationen etc.) können in weiteren Schritten zu den merkmalrelevanten Routinen hinzugefügt werden, wenn alle ausführbaren Routinen gefunden wurden (siehe dazu Abschnitt 5.2.3).

Da die Navigation auf dem statischen Abhängigkeitsgraphen stattfindet, bietet sich hier die Möglichkeit, die bei der dynamischen Analyse unterschlagene Information über die Ausführungsreihenfolge der Routinen zum Teil wieder zu gewinnen. Diese Information wird im Begriffsverband über Ausführungsprofile nicht genutzt — beispielsweise folgt aus der Tatsache, dass Routine r_1 oberhalb von Routine r_2 im Begriffsverband steht (also dass $\mu(r_1) > \mu(r_2)$ ist) **nicht**, dass r_1 Kontrollflussnachfolger von r_2 ist. Auch die Umkehrung gilt im Allgemeinen nicht; eine Aussage aus dem Verband heraus über den Kontrollfluss ist nicht ohne weitere Informationen möglich.

Bei der weiteren Navigation auf dem statischen Abhängigkeitsgraphen betrachten wir immer zuerst die Routinen r im merkmalspezifischen Begriff b_m, da dies die Routinen sind, die auch tatsächlich ausgeführt wurden, als das Merkmal m benutzt wurde. Durch dieses Vorgehen wird die statische mit der dyna-

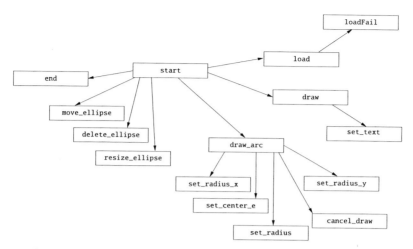

Abbildung 5.4: Ein Ausschnitt aus dem Aufrufgraphen für *MP*. Als Knoten sind die Routinen dargestellt, die Kanten repräsentieren die Aufrufbeziehungen zwischen den Routinen.

mischen Information kombiniert, um so den Suchraum auf dem ASDG drastisch einzugrenzen. Dadurch ist es möglich, die Untersuchung aller potentiellen Kontrollflussnachfolger auf die im Verband auftretenden Nachfolger zu beschränken.

Prinzipiell ist jede Art der Navigation auf dem Abhängigkeitsgraphen möglich, allerdings erscheint eine Tiefensuche im Vergleich zu einer Breitensuche am sinnvollsten. Bei der Tiefensuche hat man die Möglichkeit, mit wenigen Kontextwechseln alle jeweils verwendeten Routinen zu verstehen, um dann die übergeordnete Berechnungseinheit zu verstehen. Bei einer Breitensuche hingegen muss der Reengineer ständig den Ausführungskontext wechseln, was das Verständnis meiner Meinung nach erschwert.

In Abbildung 5.4 ist für das Beispiel aus dem vorigen Kapitel ein Teil des Aufrufgraphen skizziert. Bei der Suche nach spezifischen Routinen in Bezug auf das Merkmal LADEN stößt man bei der Verwendung der Startmenge aus dem vorigen Abschnitt noch auf die Routine loadFail, die durch die rein dynamische Analyse nicht gefunden wurde.

Sucht man nach spezifischen Routinen für das Merkmal ELLIPTISCH, kann man ebenfalls mehrere Routinen finden, die bei der dynamischen Analyse nicht als spezifisch klassifiziert wurden. Dazu gehören etwa die Routinen delete_ellipse und `resize_ellipse`, die zwar nicht ausgeführt wurden, aber von der Routine `start` aus aufgerufen werden könnten.

5.2.3 Deklarative Programmteile

Zusätzlich zu den ausführbaren Programmteilen wie Routinen will man auch wissen, wie die deklarativen Anteile der Programmquellen in Bezug auf die Merkmale klassifiziert werden können.

Für jedes Merkmal ermittelt man dazu die Routinen, wie in den Abschnitten 5.2.1 und 5.2.2 beschrieben, und kann dann im Anschluss im ASDG die von diesen Routinen verwendeten deklarativen Anteile ermitteln. Dazu werden im ASDG die entsprechenden Kanten zu deklarativen Knoten und die deklarativen Knoten selbst im ASDG betrachtet. Alternativ kann auch bereits während der Navigation im ASDG der deklarative Anteil des Programms auf die selbe Art mit berücksichtigt werden.

Man kann auf Grund dieser Informationen versuchen (unter Berücksichtigung der Beziehung von Knoten des ASDG mit Bezug zu allen Merkmalen), die Klassifizierung der deklarativen Anteile von Hand durchzuführen. Auf diesem Weg verliert man aber die Unterstützung durch die Begriffsanalyse. Will man die Begriffsanalyse weiter heranziehen, dann können diese Daten in einer späteren Iteration der Begriffsanalyse als Teil der Relation zwischen Merkmalen und Programmeinheiten hinzugefügt werden. Dazu fügt man die aus dem ASDG gewonnene Information zu dem Formalen Kontext hinzu, der aus den Laufzeitprotokollen gewonnen wurde. Bei einer erneuten Durchführung der Begriffsanalyse sind diese statischen Informationen dann bereits im Begriffsverband enthalten. Die Auswirkungen auf den Begriffsverband bei diesem Vorgehen sind in Kapitel 7 beschrieben.

5.2.4 Weitere statische Analysen

Die manuelle Suche auf dem ASDG kann von weiteren statischen Analysen unterstützt werden. Beispielsweise lassen sich folgende Ideen einfach realisieren:

1. Analyse von **starken Zusammenhangskomponenten**: Falls eine Routine r aus einer starken Zusammenhangskomponente des Aufrufgraphen für ein Merkmal m benötigt wird, werden häufig auch alle anderen Teile der Zusammenhangskomponente benötigt. Da sich der Zusammenhang der Kom-

ponente aus den statischen Abhängigkeiten im ASDG ergibt, kann sich diese Abhängigkeit bei näherer Analyse auf Grund von zur Laufzeit nicht-realisierbaren Pfaden als nicht zwingend erweisen.

2. **Dominanzanalyse** kann genutzt werden, um die Lokalität von Routinen in Bezug auf andere Routinen festzustellen. Eine Routine r_1 **dominiert** eine Routine r_2, wenn jeder Pfad im Abhängigkeitsgraphen, der von der Wurzel zu r_2 führt, auch r_1 enthält. Dabei kann also r_2 nur erreicht werden, wenn auch r_1 erreicht wurde. Findet man also eine merkmalspezifische Routine r, dann sind auch alle Dominatoren von Routine r für das Merkmal relevant oder spezifisch, da sie ausgeführt werden müssen, um Routine r zu erreichen.

3. Komponentenerkennungstechniken (wie aus Koschke 2000) können ähnlich wie bei der Analyse von starken Zusammenhangskomponenten eingesetzt werden, um die manuelle Suche auf dem ASDG zu leiten. Dazu wird die Untersuchung von Routinen auf angrenzende Komponenten ausgedehnt.

Hat man dann schließlich alle wichtigen Routinen gefunden, kann man weitergehende statische und dynamische Analysen darauf anwenden, um noch mehr Informationen zu gewinnen. Diese Analysen (wie etwa Slicing im statischen oder Spuraufzeichnungen im dynamischen Fall) können ebenfalls von der bereits gewonnenen Merkmal-Routinen-Abbildung profitieren, indem der jeweilige Suchraum auf die entsprechenden Routinen eingeschränkt wird.

5.3 Zusammenfassung

In den vorangegangen Abschnitten wurde auch die Einschränkung 3 auf Seite 72 fallen gelassen: Nun braucht nicht von Anfang an die gesamte Menge der Szenarien und Merkmale für die Analyse einer Software bekannt zu sein. Damit ist der Weg zum praktischen Einsatz der Merkmallokalisierung geebnet. Dabei bleibt zunächst die mathematische Wahrheit der im vorangegangenen Kapitel 4 vorgestellten Merkmallokalisierung wegen des Einflusses dynamischer Information auf der Strecke. Wenigstens zum Teil lässt sich dieses Problem durch den manuellen Abgleich der Ergebnisse der Begriffsanalyse mit den statischen Fakten aus einem Systemabhängigkeitsgraphen kompensieren.

Weiter wird ein manueller Eingriff in den Kontext wünschenswert, wenn es sich als schwierig herausstellt, diverse Routinen (die bekanntermaßen zu einem Merkmal dazugehören) auszuführen. Dann kann man diese Beziehungen „von Hand" in den dynamisch gewonnenen Formalen Kontext nachtragen.

Kapitel 6

Fallstudien

Longum iter est per praecepta, breve et efficax per exempla.
– Seneca

In diesem Kapitel wende ich die Merkmallokalisierung, wie sie in den vorangegangenen Kapiteln 4 und 5 beschrieben wurde, auf Beispielsysteme verschiedener Größe aus unterschiedlichen Anwendungsbereichen an. Die Fallstudien sollen die Brauchbarkeit der Technik nachweisen und Erfahrungen beim praktischen Einsatz ermöglichen, die sich später in einem Prozess zur Merkmallokalisierung in Kapitel 8 niederschlagen.

Überblick Abschnitt 6.1 erläutert die allgemeine Zielsetzung der Fallstudien und gibt eine kurze Zusammenfassung der Fallbeispiele, von denen zwei aus öffentlich zugänglichen Quellen stammen, während das dritte und größte untersuchte System eine industrielle Software ist, die sich im produktiven Einsatz befindet. Nach einem kurzen Überblick über die verwendeten Werkzeuge in Abschnitt 6.2 findet sich die Beschreibung der einzelnen Fallstudien in den Abschnitten 6.3 – 6.5. In Abschnitt 6.6 fasse ich schließlich die gewonnenen Erkenntnisse kurz zusammen.

System	Version	Größe (KLOC) [Sloc/wc]	Dateien	Module	Funktionen
Concepts	0.3f	5/5	29	16	145
XFIG	3.2.3d	70/91	192	112	1 942
SmarTest	Mai 2003	500/1 200	—	1 291	9 988

Abbildung 6.1: Die in den Fallstudien untersuchten Systeme

6.1 Zielsetzung und Übersicht

Neben dem Ziel, einen Konzeptbeweis für die Durchführbarkeit der Merkmallokalisierung zu liefern, will ich auch mit Blick auf das Laufzeitverhalten der Formalen Begriffsanalyse die Frage der Skalierbarkeit beantworten: Kann die Merkmallokalisierung trotz der im schlechtesten Fall exponentiellen Laufzeit der Begriffsanalyse auf große Softwaresysteme angewendet werden?

Die Technik wird durch ihre Anwendung auf mögliche Schwachstellen in der Praxis untersucht, die dann behoben werden können. Von besonderem Interesse ist dabei die Frage, ob sich die durch die dynamische Analyse eingeführten Unschärfen entscheidend auswirken oder ob die Konsequenzen weniger dramatisch sind und die Merkmallokalisierung trotzdem brauchbare Ergebnisse liefert.

Die Kenngrößen für die im Folgenden untersuchten Systeme sind in Abbildung 6.1 zusammengefasst. Die Größe ist in Tausend Zeilen Quelltext in ANSI C (ohne generierte Dateien) angegeben, der Zahlenwert wurde berechnet mit SLOC-Count von Wheeler (2001) bzw. dem Unix-Werkzeug wc. Die Anzahl der Dateien spiegelt die physische Aufteilung des Systems in Übersetzungseinheiten wider. Die Zahl der Routinen bezieht sich auf die Anzahl der C-Funktionen innerhalb des Systems, Bibliotheksfunktionen sind nicht mitgezählt. Die Zahl der Module und der Funktionen wurde mittels der Bauhaus-Werkzeuge analysiert und schließt Bibliotheksaufrufe aus. Die untersuchten Programme sind, ihrer Größe nach aufsteigend sortiert,

- Concepts (Lindig 1998), ein Werkzeug zur Begriffsanalyse

- XFIG (Sutanthavibul u. a. 2001), ein interaktives Zeichenwerkzeug

- SmarTest (Agilent 2003a), ein großes industrielles System

In allen Fallstudien wird die Zeit protokolliert, die für die Berechnung der Begriffsanalyse benötigt wird, um abschätzen zu können, ob das exponentielle Laufzeitverhalten in der realen Anwendung eine Rolle spielt.

In den folgenden Abschnitten werden die Fallstudien aufsteigend nach der Größe der untersuchten Programme vorgestellt. Zeitlich fand die Untersuchung des SmarTest-Programms etwa ein Jahr vor der Analyse der beiden anderen Programme statt. Concepts und XFIG wurden unmittelbar nacheinander untersucht.

In den Arbeiten Eisenbarth u. a. (2001a) und Eisenbarth u. a. (2003) haben wir eine weitere Fallstudie durchgeführt, bei der wir untersucht haben, wie die Merkmale „Bookmarks" und „History" bei unterschiedlichen Web-Browsern implementiert sind.

6.2 Von Werkzeugen und Menschen

Bei den Fallstudien, die in den folgenden Abschnitten beschrieben sind, wurden die einzelnen Arbeitsschritte wenn möglich durch Software-Werkzeuge und Rechner unterstützt. Da eine vollständige Automatisierung der Merkmallokalisierung aber nicht möglich ist, wurden manche Aktivitäten auch von Menschen durchgeführt.

Eingesetzte Software Die Software, die bei den Fallstudien zum Einsatz kam, ist mit ihren jeweiligen Aufgaben im Folgenden aufgelistet.

- Der ASDG für die verschiedenen Programme wurde mittels des Bauhaus-C-Frontends gewonnen und im Format der Bauhaus-ASDG-Variante „RFG" gespeichert.

- Zum Erzeugen der ausführbaren Programme mit instrumentierten Funktionsaufrufen wurde der C-Compiler aus der GNU Compiler Collection (GNU gcc 2004) eingesetzt.

- Um die Protokolldaten im Binärformat in ein Textformat zu überführen, wurde GNU gprof (2004) als Profiler verwendet.

- Durch einfache Perl-Skripte wurden die Ergebnisse des Profiling für die nachfolgend eingesetzten Werkzeuge aufbereitet. Dieser Schritt bestand hauptsächlich aus einer Mustererkennung auf der textuellen Darstellung der Profile (zur Ermittlung der Aufruf-Relation) und dem Zählen von Funktionsaufrufen (zur Unterstützung von Filtermechanismen).

- Bei der Fallstudie „SmarTest" kamen zur Berechnung der Begriffsverbände das Werkzeug Concepts von Lindig (1998) und der Visualisierung derselben das Werkzeug dotty aus dem Graphlayouter-Paket GraphViz (2002) zum Einsatz. Zur Visualisierung und Navigation des extrahierten ASDG haben wir Rigi von Storey u. a. (1997) benutzt.

- In den beiden anderen Fallstudien wurden die vorigen Werkzeuge durch eigene Implementierungen aus der Bauhaus-Werkzeugsammlung ersetzt, um verschiedene Unhandlichkeiten und Einschränkungen von Concepts und insbesondere Rigi zu umgehen.

  Die Begriffsanalyse wurde durch das Begriffsanalysewerkzeug fca realisiert. Die Visualisierung und Navigation des Begriffsverbands und des ASDG geschah mittels der Bauhaus-GUI gravis. Die Layouts für die Begriffsverbände wurden weiterhin mit GraphViz (2002) berechnet.

Eingesetzte Hardware In den beiden Fallstudien „Concepts" und „XFIG" wurden für alle Schritte, bei denen ein Rechner gebraucht wurde, ein Laptop-PC mit einem Intel Pentium III/700 MHz Prozessor und 320 MB RAM unter GNU/Linux eingesetzt. Derselbe PC kam auch zur Berechnung der Begriffsverbände in der „SmarTest" Fallstudie zum Einsatz. Nur die Extraktion des ASDG fand bei „Smar-Test" auf der Hardware von Agilent statt, alle weiteren Schritte wurden wiederum auf dem Laptop-PC ausgeführt.

Eingesetzte Menschen Das Erstellen der Szenarien und der Szenario-Merkmal-Relation erfolgte manuell. Die Ausführung der Szenarien wurde bei Concepts und SmarTest durch Makefiles automatisiert. Im Falle von XFIG war eine Automatisierung der Ausführung nicht möglich, da XFIG interaktiv über eine GUI gesteuert wird.

6.3   Concepts

Ziele

Die folgenden Ziele werden in dieser ersten Fallstudie verfolgt:

- Die Merkmallokalisierung soll auf ein verständliches und vollständiges Beispiel angewendet werden. Ich will im Verlauf der Fallstudie vorstellen, wie man die Szenario-Merkmal-Relation erstellt und die Merkmallokalisierung anwendet.

- Ich will den Konzept- und Existenzbeweis führen und plausibel machen, dass die Intuition der Kategorisierung der Programmeinheiten wie in Kapitel 2.1.4 getroffen wird.

- Die Laufzeit der Werkzeuge zur Begriffsanalyse bleibt, auch unter Einbeziehung der Merkmale in die Formale Begriffsanalyse, für überschaubare Formale Kontexte akzeptabel.

- Anhand eines überschaubaren Begriffsverbands ist der Vergleich von Szenario-Routinen-Verband und Szenario-Merkmal-Routinen-Verband möglich, und man kann den Effekt der Integration der Merkmale in den Kontext nachvollziehen.

Beschreibung

Concepts (Lindig 1998) ist die Implementierung des Begriffsanalysealgorithmus von Lindig (1999) in der Programmiersprache C. In Anhang B ist das „Anwenderhandbuch" zu Concepts abgedruckt. Concepts ist als Unix-Kommandozeilen-Werkzeug realisiert und liest eine binäre Relation zwischen Objekten o_i und Attributen a_j im Format

$$o_1 \quad : \quad a_i \quad \ldots \quad a_j \quad ;$$
$$\vdots$$
$$o_n \quad : \quad a_k \quad \ldots \quad a_l \quad ;$$

aus einer Textdatei ein und führt für die Relation eine Begriffsanalyse durch. Anschließend gibt Concepts den Begriffsverband in einem vom Anwender spezifierten Format textuell aus. Das Laufzeitverhalten von Concepts wird ausschließlich von der binären Relation und den vom Anwender spezifizierten Parametern bestimmt.

Szenario	Ausführung des Programms
Option a	concepts -a testrelation
Option c	concepts -c testrelation
Option cf	concepts -f "%O%A%o%a" -c testrelation
Option g	concepts -g testrelation
Option G	concepts -G testrelation
Option h	concepts -h testrelation
Option s	concepts -s testrelation
Option so	concepts -o /dev/null -s testrelation

Abbildung 6.2: Die acht aus der Benutzerdokumentation entwickelten Szenarien für die dynamische Analyse von Concepts

Vorbereitung

Die mitgelieferte Dokumentation des Werkzeugs (siehe Anhang B) führt eine Reihe von Optionen auf, die ich für die Ausführung entsprechender Szenarien heranzog.

Für die fünf sich ausschließenden Optionen (-c, -g, -G, -a und -s) und die Hilfeoption erstellte ich je ein Szenario. Die beiden Optionen -o und -f müssen im Zusammenspiel mit einer der anderen Optionen angegeben werden. Deshalb habe ich ein Szenario mit den Optionen -o und -s und ein Szenario mit den Optionen -f und -c erstellt. In der Summe sind dies acht Szenarien. In Abbildung 6.2 sind die Kommandozeilenaufrufe für die einzelnen Szenarien aufgeführt.

Es folgt eine kurze Zusammenfassung der Optionen:

1. Die Option -a veranlasst die Berechnung und die Ausgabe der Pfeilrelationen[1].

2. Mit der Option -c berechnet Concepts alle Begriffe und gibt sie anschließend aus.

3. Die Option -f format erlaubt es, Concepts Formatierungsoptionen für die Ausgabe in dem Argument format zu übergeben.

4. Mit den Optionen -g und -G wird die Ausgabe in einem speziellen Format erzeugt.

5. Die Option -h gibt eine kurze Bedienungsanleitung für die Kommandozeilenparameter von Concepts aus.

---

[1]Die Pfeilrelationen sind in Ganter und Wille (1996) definiert und werden dort und bei concepts bei der Berechnung der Begriffsverbände verwendet.

	ARROW	CALCULATE	FORMAT	HELP	COUNT	FILE
Option a	×					
Option c		×				
Option cf		×	×			
Option g			×			
Option G			×			
Option h				×		
Option s					×	
Option so					×	×

Abbildung 6.3: Die Merkmal-Szenario-Relation für das Fallbeispiel Concepts

6. Mit der Option -o `file` kann man Concepts anweisen, das berechnete Ergebnis in die Datei `file` zu schreiben. Ohne diese Option schreibt Concepts das Ergebnis auf die Standardausgabe.

7. Mit der Option -s berechnet Concepts keinen Begriffsverband, sondern zählt nur die Zahl der Begriffe und gibt diese Zahl aus.

Wenn man sich die Bedienungsanleitung näher ansieht, kann man die folgenden Merkmale von Concepts identifizieren:

• ARROW – Berechnung der Pfeilrelation

• CALCULATE – Berechnung des Begriffsverbands

• FORMAT – Formatangaben

• HELP – Kurzanleitung ausgeben

• COUNT – Begriffe zählen

• FILE – Zieldatei angeben

Die Merkmal-Szenario-Relation, die ich aus dem Handbuch abgeleitet habe, ist in Abbildung 6.3 zu sehen.

Das Erstellen der Szenarien dauerte etwa 20 Minuten, die Definition der Szenario-Merkmal-Relation weitere 10 Minuten. Die Ausführung der Szenarien ist in diesem Fall vollautomatisiert und dauert lediglich ca. 140 ms.

Dynamische Analyse

Die Granularität der untersuchten Berechnungseinheiten wurde so gewählt, dass C-Funktionen als Berechnungseinheiten benutzt wurden. Die dynamische Analyse erfolgte durch die Ausführung des instrumentierten Programms gemäß den Szenarien in Abbildung 6.2 und erzeugte die Routinen-Szenario-Relation für Concepts.

Die bei Concepts ermittelte Routinen-Szenario-Relation umfasste acht Szenarien und 100 Routinen. Der auf dieser Relation berechnete Begriffsverband hatte zehn Begriffe. Von den insgesamt 145 Routinen wurden 45 von Concepts nicht durch die vorhandenen Szenarien abgedeckt. In Abbildung 6.4 ist dieser Begriffsverband für die Routinen-Szenario-Relation reduziert dargestellt. Analysierte man die Routinen-Szenario-Relation und die Merkmal-Szenario-Relation gemeinsam, so erhielt man den Begriffsverband aus Abbildung 6.5. Dieser Verband hatte 13 Begriffe. Die meisten der Routinen sind in Begriff 7 enthalten: Dort sammelten sich 67 der Routinen, die für alle Merkmale außer dem Merkmal HELP relevant waren. Die Zeit zur Berechnung des Begriffsverbandes mittels des Werkzeugs fca lag für beide Formalen Kontexte bei etwa 200 Millisekunden.

Bevor ich mit der Beschreibung der statischen Analyse beginne, fasse ich die ersten Eindrücke des Begriffsverbandes zusammen:

- Nach den Betrachtungen aus Kapitel 4 sind die Routinen in Begriff 6 für das Merkmal ARROW spezifisch. Eine erste manuelle Inspektion bestätigte diesen Sachverhalt anhand der Namen der Routinen in Begriff 6.

- Die spezifischen Routinen für das Merkmal COUNT befanden sich in Begriff 8 und heißen `PrintStat` und `ConceptNumber`. Die Namen dieser Routinen ließen darauf hoffen, auch hier einen guten Treffer zu erzielen.

- Das Merkmal FILE hatte keine spezifischen Routinen. Es schien, als ob keine Sonderbehandlung für Dateien vorhanden sei.

- Begriff 7 enthielt die für die Berechnung der Begriffe notwendigen Routinen. Begriff 3 hatte zusätzlich eine Zahl von Routinen, deren Namen darauf hindeutete, dass hier der Begriffsverband aufgebaut wurde.

- Das Merkmal HELP hatte außer der Startroutine `main` nichts mit den anderen Merkmalen an Berechnungseinheiten gemeinsam.

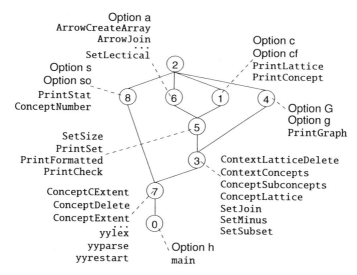

Abbildung 6.4: Der reduzierte Begriffsverband zur Analyse von Concepts für die Aufrufrelation ohne die Merkmal-Szenario-Relation. Die Begriffe 6 und 7 enthalten die meisten der verwendeten Routinen (16 bzw. 67).

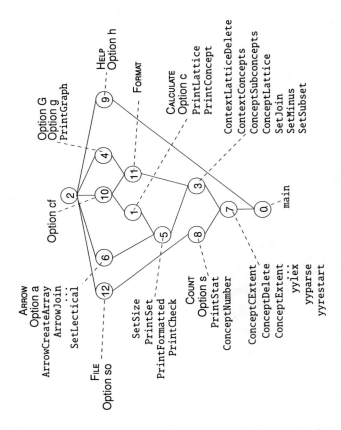

Abbildung 6.5: Der reduzierte Begriffsverband zur Analyse des vollständigen Formalen Kontexts von Aufrufrelation und Merkmal-Szenario-Abbildung aus 6.2 bei Concepts

Statische Analyse

Der in Kapitel 5 vorgeschlagene Abgleich der dynamischen Information mit der statischen Information aus dem ASDG ist im Folgenden zu finden. Die Extraktion des ASDG erfolgte mittels der Bauhaus-Werkzeuge und benötigte insgesamt (inklusive einer einfachen Zeigeranalyse) ca. 38 Sekunden. Der resultierende ASDG im RFG-Format enthielt 382 Knoten und 1 722 Kanten zwischen diesen Knoten. Die Visualisierung des ASDG wurde mit dem graphischen Frontend der Bauhaus-Werkzeuge durchgeführt und die Untersuchung nahm insgesamt etwa 30 Minuten Arbeitszeit in Anspruch.

Beispielhaft versuchte ich, die Aussagen über die spezifischen Routinen zum Merkmal ARROW zu verifizieren. Die Startmenge der Routinen für die Suche auf dem ASDG enthielt insgesamt 16 Routinen aus dem Begriff 6, unter anderem `ArrowCreateArray`, `ArrowJoinConcepts`,..., `SetLectical`.

Diese Routinen sollten nun durch eine Navigation im ASDG auf ihre Spezifizität in Bezug auf das Merkmal ARROW hin überprüft werden. Dazu sammelte ich diese Routinen im ASDG auf und ließ mir die Knoten hinzufügen, die über eine Aufrufkante direkt zu anderen Routinen von Concepts führen. Aus diesem „Rand" entfernte ich wieder die Routinen, die im Begriffsverband bereits als relevante Routinen für ARROW klassifiziert waren. Das Resultat dieses Vorgehens ist in Abbildung 6.6 dargestellt.

Auf diesem Weg kamen zu den spezifischen Routinen noch die Routinen `ArrowCmpAtrConcepts`, `ArrowFindJoin` und `ArrowFindMeet` hinzu, da diese vom Namen und ihrer Implementierung her auch spezifisch für ARROW erschienen. Hingegen fiel die Routine `ContextRelated` aus meiner Suchmenge heraus, da diese Routine mit den Typen `Context` und `HashTable` arbeitet und wohl nichts direkt zu ARROW beiträgt. Ähnliches lässt sich für `PrintRelatedAttributes`, `PrintRelation` und `RelUnrelate` festellen: Deren Konzepte kreisen eher um den Typ `Relation`. Zum Schluss verwarf ich noch die Routinen `HashFindEntry` und `SetLectical`, die zu der Hashtabelle bzw. den in Concepts verwendeten Mengen gehören. Von den vorhandenen Typen ließ sich keiner als eindeutig spezifisch für ARROW identifizieren.

Abbildung 6.6: Die Routinen und Typen im Rand von Concepts, die mit Arrow zu tun haben können

Zusammenfassung

Die Fallstudie an Concepts war ein erster erfolgreicher Versuch für die Anwendung der Merkmallokalisierung. Bei dem überschaubaren Umfang von Concepts hatte sich der Suchraum durch die Verwendung der Merkmallokalisierung bei der Suche nach Routinen, die für Kommandozeilenoptionen zuständig sind, stark eingeschränkt, und ich konnte mich bei der Suche nach der Implementierung des Merkmals ARROW schnell auf Routinen konzentrieren, die zur Berechnung der Pfeilrelation in Concepts dienen.

Die Interpretation des Begriffsverbandes von Concepts war einfach und die Klassifizierung der Routinen bezüglich der Merkmale von Concepts erschien gemäß der Intuition der Kategorisierung sinnvoll. Die Berechnung der Begriffsverbände stellte keine Herausforderung dar; allerdings war die Anzahl der Objekte und Attribute der Formalen Kontexte bei Concepts auch nicht sonderlich groß. Der direkte Vergleich der Begriffsverbände mit und ohne Merkmale ist in diesem Fall noch möglich. Deutlich länger als die voll automatisierten Schritte dauerte die durch die Bauhaus-Werkzeuge gestützte manuelle Inspektion des ASDG anhand des Begriffsverbandes.

Eine Reihe von Variationsmöglichkeiten bei Concepts scheint nicht von den Kommandozeilenparametern abzuhängen, sondern lässt sich nur ausschöpfen, wenn auch die Eingabedaten variiert werden. In dieser Fallstudie habe ich der Einfachheit halber darauf verzichtet, auch noch die Formalen Kontexte zu verändern. Für andere Programme kann es aber unumgänglich sein, die zu verarbeitenden Daten für verschiedene Szenarien anzupassen.

6.4   XFIG

Ziele

Die Ziele, die mit der Durchführung dieser Fallstudie verfolgt werden, sind:

- Die Merkmallokalisierung soll an einem realistisch großen Beispiel durchgeführt werden. XFIG hat eine deutlich größere Zahl an Merkmalen als das Beispiel der vorigen Fallstudie. Diese Fallstudie soll zeigen, dass die Merkmallokalisierung auch noch funktioniert, wenn man nicht alle Merkmale des Programms von Beginn an kennt und auf einmal untersucht.

- Bei XFIG will ich zeigen, dass die Merkmallokalisierung auch bei nichtdeterministischen Ausführungen von interaktiven Programmen (beispielsweise durch Zeitschalter oder asynchrone Kommunikation mit dem Betriebssystem) sinnvolle Ergebnisse liefert.

- Die Verwendung von System-Bibliotheken, deren Quellen nicht vorhanden sind, schränkt die Merkmallokalisierung nicht ein.

- Die Bedeutung des Begriffsverbandes und einer ersten Iteration bei der Erstellung der Merkmale bei der dynamischen Analyse soll verdeutlicht werden.

- Die Laufzeit der Begriffsanalyse ist auch bei den größeren Formalen Kontexten nicht signifikant für die Merkmallokalisierung und verhält sich nicht exponentiell.

Beschreibung

XFIG (Sutanthavibul u. a. 2001) ist ein menügesteuertes interaktives Werkzeug zur Erstellung und Bearbeitung schematischer Zeichnungen in einem X-Fenster. Es gibt ferner die Möglichkeiten, die Zeichnungen zu speichern, zu drucken oder in eine Reihe anderer Formate zu konvertieren[2]. Es gibt ferner noch die Möglichkeit, Bibliothekselemente zu verwenden und zu definieren.

Die auf der grafischen Benutzeroberfläche direkt erkennbaren Zeichenfähigkeiten lassen sich auf vielfältige Art kombinieren. Einige der Merkmale dieser Zeichenoperationen weisen auch Abhängigkeiten untereinander auf: So ist etwa

---

[2]Auch die meisten der Abbildungen in dieser Arbeit wurden mit XFIG erstellt.

Abbildung 6.7: Die Merkmale von XFIG, wie sie der Benutzer der GUI sieht. Links befindet sich die „Objektleiste", mit der die verschiedenen Zeichenobjekte gezeichnet werden können. Rechts ist die „Bearbeitungsleiste" abgebildet, aus der der Benutzer verschiedene Operationen zum Manipulieren von Zeichenobjekten auswählen kann.

das Einfärben eines Objekts nur nach Laden oder Erzeugen des Zeichenobjekts möglich. Das Laufzeitverhalten des Programms ist für den Benutzer nur schwer vollständig zu kontrollieren: XFIG verwaltet Listen über den aktuellen Zustand, zuletzt geöffnete Dateien uvm. Zur Laufzeit sind Timer aktiv, die nach bestimmten Zeiten von Inaktivität seitens des Benutzer Aktionen auslösen (beispielsweise Hilfetexte anzeigen, wenn der Mauszeiger länger als eine halbe Sekunde über einem Werkzeug steht). Abgesehen von den Einflüssen dieser Listen auf den Zustand des Systems werden von XFIG auch eine Reihe asynchroner POSIX-Signale behandelt, um auf Ereignisse der Betriebssystemumgebung zu reagieren.

Vorbereitung

Die Merkmale, die ich im Folgenden in den Programmquellen von XFIG suchen wollte, werden von den Zeichenoperationen für „Objekte zeichnen" verwendet. Um die verschiedenen Objekte zu zeichnen, entwarf ich die 16 Szenarien, die in Abbildung 6.8 zu sehen sind. Insgesamt postulierte ich 19 Merkmale, die von den 16 Szenarien verwendet wurden. Die Merkmale und ihre Verwendung in den Szenarien sind in Abbildung 6.9 zusammengefasst.

Bei der XFIG-Fallstudie dauerte die Erstellung der Szenarien etwa 15 Minuten, die Aufstellung der Szenario-Merkmal-Relation etwa 15 Minuten. Die Ausführung der Szenarien war nicht einfach automatisierbar und nahm deshalb insgesamt 30 Minuten in Anspruch.

Szenario	Kurzbeschreibung
Arc	Zeichnen eines Bogens
Box	Zeichnen eines Rechtecks
CASpline	Zeichnen eines geschlossenen approximierten Bandes
ClSpline	Zeichnen eines geschlossenen interpolierten Bandes
CircleD	Zeichnen eines Kreises mittels Durchmesser
CircleR	Zeichnen eines Kreises mittels Radius
EllipseD	Zeichnen einer Ellipse mittels Durchmessern
EllipseR	Zeichnen einer Ellipse mittels Radien
OASpline	Zeichnen eines offenen approximierten Bandes
OlSpline	Zeichnen eines offenen interpolierten Bandes
Picture	Einbinden eines Bildes in einem Fremdformat
Polygon	Zeichnen eines Polygons
Polyline	Zeichnen einer Polylinie
RBox	Zeichnen eines Rechtecks mit abgerundeten Ecken
RPolygon	Zeichnen eines regulären Polygons
Text	Zeichnen eines Textes

Abbildung 6.8: Die 16 Szenarien für das Zeichnen der diversen Objektarten für die dynamische Analyse von XFIG

Dynamische Analyse

Auch bei XFIG wurden C-Funktionen als Granularität für die dynamische Analyse gewählt. XFIG macht von einer ganzen Reihe von Systembibliotheken Gebrauch (insbesondere von den graphischen Bibliotheken wie der Xlib) und übergibt mittels Callback-Mechanismen seine Funktionalitäten an die graphische Oberfläche. Diese Bibliotheken wurden nicht mit instrumentiert, da ich mich auf die Untersuchung der Applikation beschränken wollte. Eine vollständige statische Zeigeranalyse ist daher nicht möglich. Für die Merkmallokalisierung stellte die Verwendung von vorgegebenen Komponenten und Callback keine Schwierigkeit dar.

Die dynamische Analyse wurde in zwei Iterationen durchgeführt. Die zweite Iteration fand nach der Untersuchung des ASDG von XFIG statt. Die erste Iteration der dynamischen Analyse für die 16 Szenarien sammelte insgesamt 419 verwendete Routinen aus XFIG auf. Die Begriffsanalyse resultierte mit diesem Formalen Kontext in einem Verband mit 43 Begriffen. Im 0-Element fielen in diesem Begriffsverband viele Routinen auf, die offensichtlich zur Initialisierung dienen und mit keinem Merkmal in Verbindung stehen. Um diese Routinen von der Analyse auszuschließen, verwendete ich ein zusätzliches Bias-Szenario namens Bias, bei dem XFIG gestartet und sofort wieder beendet wurde. Bei den anderen Szenarien

Szenario	verwendete Merkmale	# Routinen 1	# Routinen 2
Arc	ARC	94 (212)	94 (209)
Box	RECTANGULAR BOX	84 (204)	84 (201)
CASpline	CLOSED APPROX SPLINE	103 (222)	103 (219)
ClSpline	CLOSED INTERP SPLINE	104 (223)	104 (220)
CircleD	CIRCLE ROUND DIAMETER	75 (198)	76 (196)
CircleR	CIRCLE ROUND RADIUS	75 (198)	76 (196)
EllipseD	ROUND ELLIPSE DIAMETER	75 (198)	76 (196)
EllipseR	ROUND ELLIPSE RADIUS	75 (198)	76 (196)
OASpline	OPEN APPROX SPLINE	106 (225)	106 (222)
OISpline	OPEN INTERP SPLINE	107 (226)	107 (223)
Picture	PICTURE	183 (298)	193 (305)
Polygon	POLYGONE	92 (211)	93 (209)
Polyline	POLYLINE	93 (212)	94 (210)
RBox	RECTANGULAR RBOX	78 (202)	79 (200)
RPolygon	RPOLYGONE	87 (206)	87 (203)
Text	TEXT	113 (234)	106 (224)
Gesamt		318 (419)	341 (451)

Abbildung 6.9: Die 16 Szenarien und 19 Merkmale von XFIG. In den beiden weiteren Spalten ist angegeben, wie viele Routinen von den jeweiligen Szenarien in den beiden Iterationen der dynamischen Analyse verwendet wurden. Der Wert ist um den Bias korrigiert, in Klammern steht die Zahl der Funktionen ohne Bias.

Formaler Kontext	Iteration 1		Iteration 2	
	Zeit	Begriffe	Zeit	Begriffe
mit Bias, ohne Merkmale	0,320s	44	0,317s	46
ohne Bias, ohne Merkmale	0,643s	43	0,618s	45
mit Bias und Merkmalen	0,360s	54	0,383s	56
ohne Bias, mit Merkmalen	0,717s	55	0,744s	55

Abbildung 6.10: Die Laufzeiten für die Berechnung der Begriffsverbände bei XFIG und die Anzahl der berechneten Begriffe

flossen dann nur noch die Routinen ein, die häufiger als beim Filterszenario Bias ausgeführt wurden. Die Statistik über Szenarien und verwendete Routinen ist in Abbildung 6.9 zu sehen.

Durch die Verwendung des Bias-Szenarios Filtern reduziert sich die Menge der Routinen im 0-Element des Begriffsverbandes. Der Begriffsverband für den Formalen Kontext mit diesen 16 Szenarien, 19 Merkmalen und 318 Routinen hatte 44 Begriffe. Aufgrund des Bias wurde die Suchmenge für die nachfolgende Navigation des ASDG um 111 Routinen verkleinert. Die Struktur dieses Begriffsverbandes ist in Abbildung 6.11 dargestellt; die Größe der Begriffe ist fix, um die Struktur des Verbandes zu betonen.

Die Berechnung der Begriffsverbände habe ich mit und ohne Bias durchgeführt. Die entstandenen Laufzeiten und die Größen der Begriffsverbände sind in Abbildung 6.10 zu finden. Die Laufzeit ist insgesamt vernachlässigbar in Bezug auf die gesamte Analyse. Die Anzahl der Begriffe steigt bei Hinzunahme der Merkmale in den Begriffsverband. Bei den Formalen Kontexten, die ohne Bias erstellt wurden, lassen sich die höheren Laufzeiten mit dem größeren Aufwand beim Parsen der Kontexte erklären – die Größe der jeweiligen Begriffsverbände ändert sich kaum durch den Bias.

Einige Details zu den Ellipsen und Kreisen sind in Abbildung 6.12 zu sehen. Ähnlich wie bei dem Laufbeispiel in Kapitel 4 sind verschiedene Begriffe zu erkennen, die abhängige und spezifische Routinen für die Merkmale CIRCLE, DIAMETER, ELLIPSE, RADIUS und ROUND sammeln. Auffällig ist der hohe Anteil gemeinsamer Routinen für die Ellipsen und Kreise. Diese Gemeinsamkeiten haben auch die Entwickler von XFIG in der Nachfolgeversion der Software berücksichtigt und diesen Teil der Zeichenoperationen in der Benutzerschnittstelle herausfaktorisiert.

Laut der Formalen Begriffsanalyse sind jeweils fünf Routinen für die Szenarien CircleD, CircleR, EllipseD und EllipseR spezifisch. Die Merkmale CIRCLE, DIAMETER, ELLIPSE und RADIUS verschmelzen diese Szenarien paarweise. Allen vier Szenarien gemeinsam ist das Merkmal ROUND, das in Begriff 16 all die Routinen versammelt, die für runde Objekte in XFIG zuständig sind.

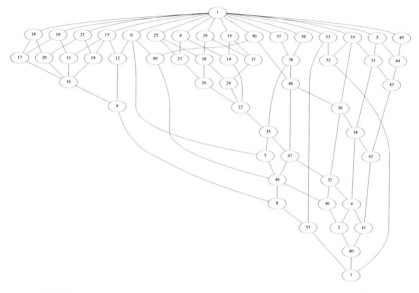

Abbildung 6.11: Der Begriffsverband für die Zeichenoperationen von XFIG

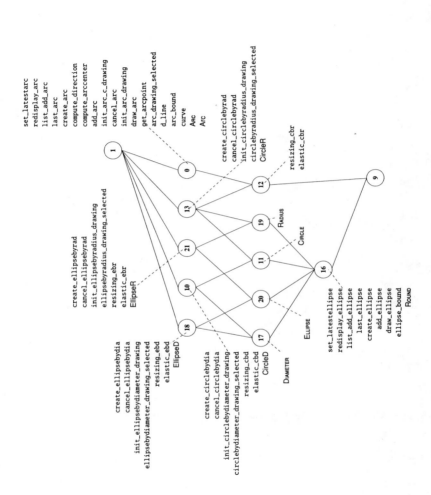

Abbildung 6.12: Der Begriffsverband von XFIG im Detail für die Szenarien bei den elliptischen und runden Objekten sowie Kreisbögen

Statische Analyse

Die Extraktion des ASDG im RFG-Format benötigte ca. 25:40 Minuten und resultierte in einem Graph mit mehr als 6 005 Knoten und über 43 000 Kanten. Auch hier habe ich wieder eine einfache Zeigeranalyse eingesetzt, um mögliche Aufrufe über Funktionszeiger mit in die Navigation des ASDG einzubeziehen.

Die Untersuchung der statischen Abhängigkeiten führte ich für die Merkmale CIRCLE, DIAMETER, ELLIPSE, RADIUS und ROUND durch. In den ersten vier Fällen fielen bei der Navigation des ASDG sofort Routinen auf, die das Zeichnen eines Objekts abbrechen. Diese heißen `cancel_`*objektart* und sorgen für das kontrollierte Abbrechen einer Zeichenaktion auf Wunsch des Benutzers.

Dieses Muster wurde durchgehend für alle Zeichenobjekte verwendet; es sollten sich also überall Routinen dieser Art in den spezifischen Begriffen finden lassen. Um dieses zu erreichen, wiederholte ich die dynamische Analyse mit angepassten Szenarien. Zusätzlich zum Zeichnen der Objekte wurde in jedes Szenario auch der Abbruch der Zeichenoperation eingeplant und ausgeführt. Dadurch entstand ein Zeitaufwand für den Neuentwurf der Szenarien von etwa 5 Minuten und die erneute Ausführung der geänderten Szenarien von weiteren 30 Minuten. Die zweite Iteration der dynamischen Analyse ergab einen Begriffsverband mit 56 Begriffen.

Mit diesem Begriffsverband startete ich die statische Untersuchung der Programmquellen. Exemplarisch versuchte ich, die Routinen zum Merkmal ROUND zu klassifizieren. Dazu wurden die acht Routinen aus dem Begriff 16 in Abbildung 6.12 in die Startmenge aufgenommen. Diese Routinen und ihre direkten Nachbarn sind in Abbildung 6.13 zu sehen. Die Routinen der Startmenge haben 92 direkte Nachbarknoten (zusammen also 100 Knoten, die untereinander mit 348 Abhängigkeitskanten verbunden sind. Von diesen Knoten sind 63 Routinen (einschließlich der acht Routinen aus der Startmenge), 13 globale Variablen, vier Typen (zwei C-Structs und zwei mittels `typedef` definierter Typen) sowie zwanzig innerhalb der Structs vorhandene Recordfelder.

Wegen der großen Zahl von Routinen sowohl im Begriffsverband als auch im ASDG wurde die Überprüfung von Routinen nach ihrem Status im Begriffsverband von Hand mühselig. Als Konsequenz muss zur praktischen Anwendung die Kategorisierung der Routinen bezüglich der Merkmale sinnvollerweise automatisch in den ASDG übertragen werden (und dort etwa als Annotation zur Verfügung stehen). Nach der ersten manuellen Überprüfung der ermittelten Knoten des ASDG (auf Grund von Bezeichnern und Stichproben des Quelltextes) reduzierte sich die Anzahl der interessanten Programmeinheiten auf 63 Knoten, davon sind 21 Knoten Record-Felder, die in drei Typen geschachtelt sind. Des Weiteren blieb ein Feld eines anderen Records interessant; insgesamt 38 Routinen (von 1 942 Routinen insgesamt) wurden so als spezifisch für runde Sachen in XFIG erkannt.

Aus der Benennung der Routinen lässt sich nachvollziehen, dass das Merkmal ROUND von Routinen implementiert wird, deren Name den Bestandteil `ellipse` hat. Allerdings gibt es dann noch Spezialisierungen des Rundseins, nämlich Kreise und Ellipsen. Die Implementierung der Kreise baut auf derjenigen der runden Objekte auf – die Namen der Routinen beinhalten das Wort `cirle`. Die Namen der spezifischeren Routinen für Ellipsen beginnen mit `ellipseby` an. Die spezifischen Teile des ASDG sind in Abbildung 6.14 dargestellt.

Durch die statische Analyse der Merkmale unter Verwendung des ASDG konnten bei XFIG die sporadisch aufgerufenen (und damit von der dynamischen Analyse irrtümlich als spezifisch für einzelne Merkmale kategorisierten) Routinen schnell als nicht spezifisch erkannt werden. Als Lösung bietet es sich in solchen Fällen an, die sporadischen Routinen bei den Szenarien auszuschalten oder, falls das explizite Ausschalten nicht möglich ist, entsprechende Szenarien zu entwerfen, die sich nur mit der Ausführung solcher Routinen befassen.

Zusammenfassung

Die Merkmallokalisierung wurde bei dieser Fallstudie erfolgreich auf ein großes interaktives System angewendet. Sporadisch ausgeführte Routinen wurden durch die statische Analyse des ASDG behandelt. Dass XFIG eine große Zahl an Betriebssystembibliotheken verwendet, hat der Merkmallokalisierung nicht geschadet. Auch bei XFIG hat die Inspektion der entstandenen Begriffsverbände ergeben, dass die gefundenen spezifischen Routinen tatsächlich die Merkmale implementieren, die von der Merkmallokalisierung vorgeschlagen werden.

Bei XFIG erschien es nach einer ersten Iteration sinnvoll, einige Szenarien zu verändern, um Routinen mit in die Analyse aufzunehmen, die durch die ursprünglichen Szenarien nicht ausgeführt worden waren. Eine inkrementelle Analyse sollte es ermöglichen, die Merkmallokalisierung schrittweise durchzuführen. Die statische Analyse und die Navigation muss werkzeugunterstützt erfolgen, damit sie effizient durchgeführt werden kann. Offenbar ist es nicht praktikabel, den

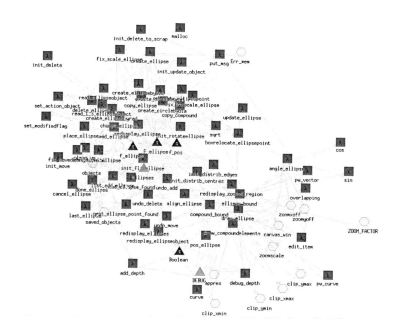

Abbildung 6.13: Die Startmenge für das Merkmal ROUND und die direkten Nachbarn im ASDG von XFIG

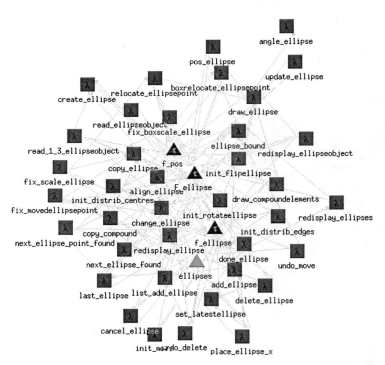

Abbildung 6.14: Die spezifischen Teile des ASDG von XFIG für das Merkmal ROUND

Begriffsverband und den ASDG abwechselnd mit unterschiedlichen Werkzeugen zu bearbeiten. Aus praktischen Gründen empfiehlt es sich, ASDG und Verband in einem Werkzeug zu integrieren, das es einfach macht, zwischen den Sichten auf den ASDG und den Begriffsverband hin und her zu wechseln, um so die Navigation des ASDG zu erleichtern.

Auch bei der Fallstudie mit XFIG hat sich gezeigt, dass die Laufzeit der Begriffsanalyse kein praktisches Problem darstellt: In keinem Fall dauerte die Berechnung der Verbände länger als eine halbe Sekunde. Die Anzahl der Objekte und Attribute des Formalen Kontexts war deutlich größer als bei Concepts, hat aber nicht zu einer merklichen Verschlechterung des Laufzeitverhaltens geführt. Leider kann auch hieraus keine allgemeingültige Aussage abgeleitet werden.

6.5 SmarTest-Firmware

Ziele

Zum Ersten möchte ich anhand der SmarTest-Fallstudie einen Einblick in die Historie der Ideen der Merkmallokalisierung geben.

An dieser Fallstudie will ich zweitens plausibel machen, dass die Merkmallokalisierung auch bei einem großen System skaliert und die Formale Begriffsanalyse kein Hindernis für die Durchführung bezüglich ihrer Laufzeit darstellt. SmarTest ist ein sehr großes System mit einer entsprechenden Menge an Quellcode. Darüber hinaus wurden bei SmarTest auch sehr viele Merkmale identifiziert, und es kommt eine große Anzahl Szenarien zum Einsatz. Die entstehenden Formalen Kontexte sind entsprechend umfangreich.

Drittens will ich am Beispiel von SmarTest zeigen, dass das Ergebnis der Merkmallokalisierung auch Software-Entwicklern verständlich zu machen ist, die den mathematischen Hintergrund der Begriffsanalyse nicht kennen.

Vorbemerkungen

Diese Fallstudie wurde Anfang des Jahres 2003 mit Hilfe von prototypischen Werkzeugen auf dem damaligen Stand der Forschung durchgeführt. Die Ergebnisse wurden bereits in Eisenbarth u. a. (2003) veröffentlicht. Bei der Fallstudie ging es darum, die Merkmallokalisierung, wie sie bis zum Abschnitt 4.2.2 einschließlich entwickelt ist, auf eine sehr große Software anzuwenden und Hinweise auf die praktische Anwendbarkeit und technische Schwierigkeiten zu erhalten. Insbesondere die Ideen der Integration von Merkmal-Szenario- und Routinen-Szenario-Relation war zu dem Zeitpunkt noch unbekannt.

An der Durchführung der Fallstudie waren mehrere Personen beteiligt: Seitens der Firma Agilent Technologies waren dies ein Software-Architekt und ein weiterer Entwickler der untersuchten Software. Der Software-Architekt ist mit der Architektur der Software vertraut und war bereits an der Vorbereitung der Fallstudie beteiligt. Ihm waren die Ideen der Merkmallokalisierung bekannt. Der Entwickler hingegen war weder an der Vorbereitung und Durchführung der Experimente beteiligt, noch kannte er die Merkmallokalisierung. Er sollte die Ergebnisse unserer Untersuchung als unwissender Dritter validieren. Des Weiteren waren drei Studenten der Universität Stuttgart involviert, um die Experimente vorzubereiten und die Szenarien mit der Software auszuführen. Als Analyseexperten der Universität Stuttgart waren Thomas Eisenbarth, Rainer Koschke und ich vor Ort.

Die Extraktion des ASDG mittels der Bauhaus-Werkzeuge funktionierte auch bei dieser großen Menge Quellcode. Dem damaligen Entwicklungsstand der Werkzeuge entsprechend kam das Reengineering-Werkzeug *Rigi* von (Storey u. a. 1997) zur Navigation des ASDG in Betracht. Bedauerlicherweise überschritt die Datenmenge des ASDG die Fähigkeiten von Rigi, so dass ein Abgleich mit den statisch extrahierten Fakten nicht möglich war.

Beschreibung

Die Agilent 93000 SOC Series (Agilent 2003b) ist eine einzelne skalierbare Testerplattform, die zum Testen von Systems-on-a-Chip eingesetzt wird. Mit diesem Chiptester ist es möglich, digitale und analoge Signale zu testen, aber auch das Testen eingebetteter Speicher gehört mit zum Funktionsumfang. Die Software, die die komplexe Testerhardware steuert, heißt **SmarTest** (Agilent 2003a) und ist eine interaktive Umgebung zur Entwicklung und Ausführung von Testprogrammen. SmarTest besteht aus zahlreichen Werkzeugen zur Unterstützung von Testingenieuren, die die Endkunden für das System sind. Zentral in der Software ist die so genannte **Firmware**, die als Interpreter für IEEE-488 Befehle arbeitet. Diese Firmware wird im Folgenden mit Hilfe der Merkmallokalisierung analysiert.

Historie der Firmware Die Software für die Agilent 93000 SOC Series wird von mehreren geographisch verteilten Programmiererteams entwickelt und gewartet. Zwei dieser Arbeitsgruppen sind in den USA, eine in Japan und eine in Deutschland ansässig. Diese Fallstudie haben wir mit dem Programmiererteam in Böblingen in Deutschland, der **SOC Test Platform Division** durchgeführt.

Die Firmware selbst hat eine Entwicklungsgeschichte von über 15 Jahren und umfasste Anfang des Jahres 2003 mehr als 1,2 Millionen Zeilen kommentierter Quelltexte in der Programmiersprache C. Entfernt man die Kommentare und Leerzeilen, dann bleiben etwa 500 KLOC deklarative oder ausführbare Zeilen C-Quelltext übrig. Der statische Aufrufgraph des ASDG für SmarTest beinhaltet 9 988 Routinen und mehr als 17 000 Aufrufkanten zwischen diesen Routinen. Die Standard C-Funktionen aus der Laufzeitumgebung und dem Betriebssystem wurden hierbei nicht mitgerechnet.

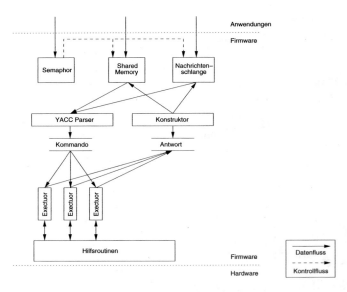

Abbildung 6.15: Die Architektur der Firmware

Architektur der Firmware Die Architektur der Firmware ist in Abbildung 6.15 skizziert, so wie sie uns der Software-Architekt von Agilent beschrieben hat. Die Firmware wird im Betrieb gleichzeitig von mehreren Programmen aus separaten Prozessen heraus verwendet. Die Interaktion und Kommunikation dieser Programme wird durch die Verwendung von gemeinsamen Speicherbereichen und Nachrichtenschlangen aus der Firmware realisiert. Zur Synchronisation der Programme untereinander und mit der Firmware werden Semaphore verwendet.

Die Firmware arbeitet wie ein Interpreter für Testprogramme. Beim Kopieren eines solchen Testprogramms in den geteilten Speicher analysiert die Firmware die Befehle des Programms (so genannte **Commands)** und führt diese Commands im Anschluss aus. Zur Ausführung der Commands ruft die Firmware entsprechende C-Funktionen auf, die als Einstiegspunkt für die Implementierung des Befehls dienen. Für jedes einzelne Command der Testprogramme existiert genau eine solche C-Funktion, die in der Firmensprache als **Exekutor** bezeichnet wird. Wenn der Exekutor mit seiner Ausführung fertig ist, wird das Ergebnis der Ausführung in den gemeinsamen Speicher zurück kopiert und der wartende Prozess wird über die Beendigung der Ausführung mittels der Nachrichtenschlange der Firmware benachrichtigt. Wie in Abbildung 6.15 angedeutet, basiert die Implementierung der Exekutoren auf einer Schicht von wiederverwendbaren (und auch wiederverwendeten) C-Funktionen, die allgemeinere Dienste umsetzen. Die genaue Verwendung der Hilfsroutinen durch die Exekutoren lässt sich der Architekturskizze nicht entnehmen – und in der Tat haben auch die Architekten auf Grund der Größe und des Alters der Software kein vollständiges Wissen mehr darüber, welche Exekutoren welche Hilfsroutinen benötigen.

Firmware-Commands Die Firmware-Commands in dieser Fallstudie entsprechen den Merkmalen dieser Arbeit. Die für ein Command spezifischen Routinen spielen die Rolle der Exekutoren. Viele der Commands der Firmware treten paarweise auf: Zuerst wird das für die Funktionalität wesentliche Command abgeschickt und dann ein korrespondierendes **Query-Command**, das das Ergebnis der Ausführung des ersten Commands abholt. Alle Commands werden mit vier Zeichen langen Akronymen bezeichnet. Die Query-Commands sind zusätzlich mit einem Fragezeichen versehen. So ist Beispielsweise `CNTR?` das Query-Command zu `CNTR`. Die Firmware kennt etwa 250 verschiedene Commands, zusammen mit den Query-Commands stehen etwa 450 unterschiedliche Commands zur Verfügung.

In der durchgeführten Untersuchung haben wir uns auf den so genannten digitalen Anteil der Firmware beschränkt und den analogen Teil außer acht gelassen. Die Commands, die für den Test digitaler Geräte angeboten werden, lassen sich in folgende Klassen aufteilen:

- **Configuration Setup**: Der erste Schritt bei der Testdurchführung ist die Konfiguration der einzelnen Kontakte der Testerhardware. Commands dieser Kategorie übernehmen das Einstellen von einzelnen Daten- oder Stromkanälen, der Betriebsmodi von Kontakten und anderes mehr.

- **Routing Setup**: Diese Commands stellen die Signalmodi und Verbindungen der Kontakte zusammen.

- **Level Setup**: Diese Commands stellen die Signalverstärker und Messgeräte ein.

- **Timing Setup**: Diese Commands legen die Dauer von Zyklen fest, definieren die Wellenformen der Zyklen sowie den Zeitpunkt von Übergängen innerhalb eines Testzyklus.

Configuration Setup
CNTR, CNTR?, CONF, CONF? UDEF, UDPS, UDGP DPFN, DFPN?, DFPS, DFPS? DFGP, DFGP?, DFGE, DFGE? PALS, PALS?, PSTE, PSTE? PSFC, PSFC?, PQFC, PQFC? PACT, PACT?
Relay Control (Test Execution)
RLYC, RLYC?
Level Setup Commands
LSUS, LSUS?, DRLV, DRLV? RCLV, RCLV?, TERM, TERM?
Timing Setup Commands
PCLK, PCLK?, DCDF, DCDF? WFDF, WFDF?, WAVE, WAVE? ETIM, ETIM?, BWDF, BWDF?
Vector Setup Commands
SQLA, SQLB, SQLB?, SQPG, SQPG? SPRM, SPRM?, SQSL, SQSL?

Abbildung 6.16: Die Kategorisierung der Commands nach Vorgaben des Software-Architekten

- **Vector Setup**: Mit diesen Commands können die Testvektoren manipuliert werden.

- **Relay Control**: Diese Commands werden gebraucht, um Relaiseinstellungen vorzunehmen und den Zustand des Testers zu definieren.

Weitere Kategorien sind **Analog Setup**, **AC Test Function**, **DC Measurement**, **Test Result**, **Utility Line** und **Calibration and Attributes** Commands, diese wurden bei der Analyse nicht weiter verwendet.

Der Software-Architekt benannte eine Auswahl von Firmware-Commands, die untersucht werden sollten, und teilte diese Commands in die obigen Klassen ein. Wie sich während der Analyse herausstellte, war diese Klassifizierung unvollständig, da der Software-Architekt nur die Commands in Betracht zog, die in Abbildung 6.16 aufgelistet sind. Die Commands, die in den Szenarien verwendet wurden, ohne jedoch einer der Klassen zugeordnet worden zu sein, sind die Commands in Abbildung 6.17.

Unkategorisiert
FTST, VBMP, PSLV, CLMP
WSDM, DCDT, CLKR, VECC
SDSC, SREC, DMAS, STML

Abbildung 6.17: Die Firmware-Commands, die vom Software-Architekten nicht kategorisiert wurden

Aufgaben bei der Fallstudie Zum Zeitpunkt der Durchführung verfolgte diese Fallstudie für Agilent folgende drei Ziele:

1. Den Komponenten der Architekturskizze aus Abbildung 6.15 sollten die Teile des Quelltextes von SmarTest zugeordnet werden, die den Exekutoren und den Hilfsroutinen entsprechen. Es sollte geklärt werden, welche Routinen Exekutoren sind.

2. Die Hilfsfunktionen sollten den Exekutoren zugeordnet werden, zu deren Implementierung sie verwendet werden. Mit dieser Zuordnung sollte der Block „Hilfsroutinen" weiter verfeinert werden.

3. Die Commands der Testerfirmware in Abbildung 6.17 konnten von den Architekten keiner der oben genannten Kategorien zugeordnet werden und wurden auch durch die Dokumentation nicht klassifiziert. Für diese sollte eine Klassifizierung stattfinden, die der Klassifizierung nach Merkmalen folgt.

Für uns bestand die Aufgabe darin zu klären, ob die Merkmallokalisierung mittels der Commands als Merkmale es ermöglicht, die Architekturzeichnung mit Quelltexten in Verbindung zu bringen. Wir wollten erstens überprüfen, welche Hilfsroutinen tatsächlich wiederverwendet werden, und zweitens herausfinden, ob die Kategorien von Commands sich durch entsprechende Exekutoren auf der Seite des C-Quelltextes ebenfalls durch die Wiederverwendung von Routinen identifizieren lassen. Die gefundenen Hilfsroutinen sollten auf ihre Spezifizität bezüglich der unterschiedlichen Commands hin überprüft werden.

Szenarien

Die Auswahl der zu untersuchenden Commands für die digitalen Tests wurde von dem Software-Architekten von Agilent getroffen. Drei Studenten der Universität Stuttgart erstellten nach seinen Anweisungen Szenarien, die diese Commands ausführen. Für jedes untersuchte Firmware-Command wurde ein Szenario erstellt, das dieses Command ausführt.

Bias-Filter Die Ausführung einiger Commands hängt von bestimmten Vorbedingungen ab, die durch die vorherige Ausführung anderer Commands hergestellt werden. Dadurch wird es erforderlich, diese Commands in die Szenarien mit aufzunehmen. Damit ist es also nicht immer möglich, einzelne Commands in einem Szenario auszuführen, sondern man muss eine Reihe von Commands zur Vorbereitung in die Szenarien mit aufnehmen. Die Reihenfolge dieser Commands zur Vorbereitung war in allen Szenarien gleich, in denen die Vorbereitungscommands benötigt werden. Damit kann ein solches Szenario als eine Menge von Merkmalen (entsprechend den Commands) aufgefasst werden.

Mit den in Kapitel 4 vorgestellten Techniken lassen sich dennoch die Routinen bestimmen, die spezifisch für das eigentliche Command ausgeführt werden und damit die Exekutoren repräsentieren. Dazu muss man einfach die Merkmal-Szenario-Relation entsprechend erstellen (was zu diesem Zeitpunkt aber noch nicht angedacht war).

Um Routinen aus der Analyse zu entfernen, die auch für Commands zur Herstellung der Vorbedingungen ausgeführt werden, aber nicht charakteristisch für das eigentliche Command sind, kann man mittels eines Bias-Filters für das jeweilige Szenario die vorbereitenden Routinen der anderen Commands über die Anzahl ihrer Aufrufe herausfiltern. Dazu definiert man zu jedem Szenario, das vorbereitende Commands benötigt, ein entsprechendes Szenario, das nur die vorbereitenden Commands ausführt und das eigentliche Command weglässt. Will man also Beispielsweise das Command UDPS untersuchen, dann muss man zuvor das Command DFPS ausführen. Das Szenario für die Untersuchung von UDPS ist also aus den Commands {DFPS, UDPS} aufgebaut, der Bias-Filter für dieses Szenario ist {DFPS}.

Command-Paare Für Commands, die ein entsprechendes Query-Command haben, wurden zwei Szenarien erstellt: ein Szenario für das jeweilige Command und eines für das Query-Command. Das erste enthält dann nur das Command, das zweite nur das Query-Command, wenn das Query-Command ausgeführt werden kann, ohne das Command auszuführen. Bei Commands, die auf unterschiedliche Art aufgerufen werden können, wurden in jedem Szenario mehrere Varianten angewendet, um nach Möglichkeit die verschiedenen Äquivalenzklassen an Pa-

Einfach	76	Szenarien für Commands
	1	Szenario für das NOP Command
Zusatz	2	zusätzliche Parameterkonfigurationen
Bias	1	Start-Ende
	13	Szenarien für vorbereitende Schritte
Gesamt	93	Szenarien

Abbildung 6.18: Die Szenarien für die Untersuchung von Agilents SmarTest-Firmware

rametern abzudecken und so das Command vollständig auszuschöpfen.

Für eines der Paare aus Command und Query-Command, nämlich SDSC und SDSC?, wurden insgesamt vier Szenarien erstellt, zwei davon für die Ausführung des Commands SDSC und weitere zwei Szenarien entsprechend für die Ausführung des Query-Commands SDSC?. Der Unterschied in den Szenarien für die Commands und die Query-Commands liegt im Setzen eines Parameters, der sich in einem Fall auf Timing Setup und im anderen Fall auf Level Setup bezieht. Die Unterscheidung in den Szenarien wurde eingebaut, um zu prüfen, ob unterschiedliche Routinen zur Manipulation von Timing und Level Setup benutzt werden.

Szenarienerstellung Insgesamt wurden 93 Szenarien erstellt, eine Übersicht ist in Abbildung 6.18 zu finden. Die meisten dieser Szenarien (76) dienen zur Ausführung genau eines der Commands der Firmware. Ein weiteres Szenario führt das Command NOP (**no-operation**) aus, das keine Auswirkungen auf den Tester hat. Zwei Szenarien wurden zusätzlich für die oben erwähnte Unterscheidung des SDSC-Commands und sein zugehöriges Query-Command eingesetzt. Die restlichen Szenarien dienten als Bias-Szenarien. So ist das Szenario Start-Ende dafür gedacht, die Initialisierungs- und Abschlussroutinen aus der Menge der in Betracht kommenden Routinen auszuschließen. Weitere dreizehn Szenarien dienten als Bias-Szenarien, um vorbereitende Schritte anderer Szenarien zu unterdrücken.

Die bei Agilent vorhandene große Sammlung der Tests der Firmware konnte für die Merkmallokalisierung nicht herangezogen werden. Diese Tests sind darauf ausgelegt, ganze Abfolgen von Commands zu testen und nicht so sehr das Ergebnis von einzelnen Commands zu prüfen. Der vorhandene Testtreiber führt alle Tests in einem Programmlauf aus, was dann zu einem einzigen großen Programmprofil führt, in dem sich die einzelnen Testfälle nicht wieder isolieren lassen.

Begriffsverbände

Der Begriffsverband, dessen Formaler Kontext durch die dynamische Analyse der Profile aller Szenarien gewonnen wurde, ist in Abbildung 6.19 zu sehen. Er besteht aus 165 Begriffen und 326 nicht-transitiven Unterbegriffsbeziehungen. Von den 9 988 Routinen der Firmware wurden lediglich 1 463 durch eines der 92 Szenarien ausgeführt (die Differenzbildung mit dem Szenario Start-Ende ist dabei noch nicht durchgeführt).

Auch bei diesem sehr umfangreichen Formalen Kontext ist die zu befürchtende exponentielle Laufzeit des Begriffsanalysealgorithmus kein praktisches Problem: die Berechnung des gesamten Begriffsverbandes für die Firmware nahm weniger als zwei Minuten in Anspruch.

Die meisten der Koatome enthalten genau eine Routine. Einige der Koatome enthalten mehr als eine Routine, aber nie mehr als fünf Routinen. In diesen Fällen haben die Programmierer einen großen Exekutor in kleinere Routinen zerlegt, um eine bessere Modularisierung zu erreichen. Eines der Koatome enthält eine größere Zahl an Routinen. Nach den Angaben des Entwicklers fasst dieser Begriff die Testausführung zusammen. Die Routinen hängen stark voneinander ab, ließen sich aber durch die Definition weiterer Szenarien für Aspekte der Testausführung feiner unterteilen.

Das 1-Element selbst enthält keine Szenarien, im 0-Element sammeln sich insgesamt 929 Routinen. Dies sind Routinen, die für jedes der Szenarien ausgeführt wurden. Für diese Routinen waren entweder die Szenarien nicht geeignet, eine nähere Unterteilung vorzunehmen, oder es handelt sich tatsächlich um allgemein wiederverwendete Routinen. In diesem Fall müssen andere Mittel angewendet werden, um die Routinen sinnvoll zu gruppieren. Da der Fokus der Fallstudie darauf lag, Routinen den Exekutoren zuzuordnen, sind wir nicht näher auf das 0-Element eingegangen. Ein weiterer großer Begriff in der Mitte des Begriffsverbandes enthält nach Aussage des Entwicklers viele Routinen, die sich mit Speichermanagement befassen. Etwa 70 % der Routinen in diesem Begriff sind dafür vorgesehen.

Bei der Validierung der Begriffsverbände kam auch der Entwickler der Firmware ins Spiel. Wir erklärten ihm, wie die Interpretation der Begriffsverbände möglich ist (entsprechend Kapitel 4) und welche Szenarien ausgeführt wurden. Der Entwickler hatte keinen Zugriff auf die Architekturskizze des Software-Architekten. Nun baten wir den Entwickler, die Struktur des Begriffsverbandes

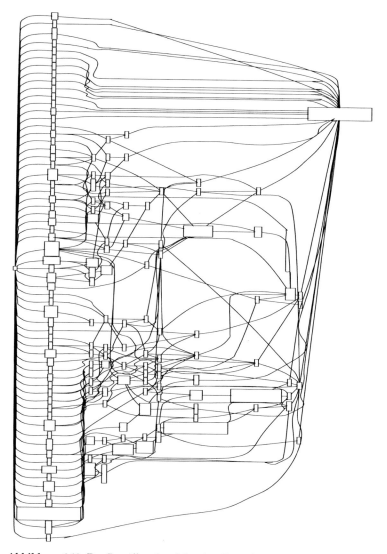

Abbildung 6.19: Der Begriffsverband für den Formalen Kontext, bei dem alle Firmware-Commands in Szenarien ausgeführt wurden. Die Höhe der Knoten entspricht der Anzahl der Routinen im jeweiligen Begriff (außer beim 0-Element, das verkleinert dargestellt ist).

des Systems zu erklären und zu prüfen, ob sich aus dem Verband für ihn überraschende Tatsachen ergaben. Der Entwickler fand auf Anhieb in den 65 Begriffen, die direkt unter dem 1-Element des Begriffsverbandes stehen, also den Koatomen, die jeweiligen Exekutoren für 65 Commands (einschließlich dem Exekutor für das Command NOP). Von diesen 65 Begriffen enthalten 63 Begriffe ein einzelnes Szenario und zwei Begriffe enthalten je zwei Szenarien. Die beiden letzteren waren die Szenarien, die für verschiedene Parametersätze bei den SDSC-Commands ausgeführt wurden. Daraus lässt sich sofort schließen, dass die Ausführung der Varianten des SDSC-Commands (und deren Query-Commands SDSC?) die gleichen Routinen aus der Firmware verwenden – unabhängig von den konkreten Parametern. Insgesamt konnten also 65 Exekutoren unmittelbar im Begriffsverband identifiziert werden. Auf der Grundlage dieser Information konnten wir den Begriffsverband in Abbildung 6.19 auf die Architekturskizze in Abbildung 6.15 ohne Schwierigkeiten abbilden.

Weitere zwölf der einfachen Szenarien waren in der nächsten Ebene des Begriffsverbandes zu finden. Diese Szenarien sind nicht in der obersten Ebene des Begriffsverbandes zu finden, da in diesen Szenarien Commands ausgeführt wurden, die für andere Szenarien als Vorbereitungs-Commands dienen. So muss beispielsweise vor der Ausführung von PLSV oder UDPS das Command DFPS ausgeführt werden. Die Szenarien für PLSV und UDPS lassen sich also mit {PLSV, DFPS} beziehungsweise {UDPS, DFPS} umschreiben. Das Szenario, das nur DFPS umfasst, wird also in dem Begriff zu finden sein, der das gemeinsame Supremum der Begriffe darstellt, in denen PLSV und UDPS zu finden sind, da DFPS in der Schnittmenge der beiden anderen Szenarien liegt.

Mit den Überlegungen aus Abschnitt 4.2.2 ließen sich auch die restlichen Exekutoren den Commands auf einfache Weise zuordnen.

Einfärbungen Wie oben beschrieben, lassen sich die Firmware-Commands in verschiedene Klassen einteilen. Damit man die Exekutoren im Begriffsverband leicht den Klassen zuordnen kann, haben wir bei der Visualisierung des Begriffsverbands jeder der Klassen eine Farbe zugeteilt und die Begriffe wie folgt eingefärbt:

1. Jeder Begriff, der einen Exekutor einer Klasse enthält, wird in der Farbe der Klasse eingefärbt. Diese eingefärbten Begriffe sind der Ausgangspunkt für den nächsten Schritt.

2. Ausgehend von den eingefärbten Begriffen wird die Farbe des Begriffs an alle Unterbegriffe weitergereicht (bis der nächste Exekutor erreicht wird).

Der eingefärbte Begriffsverband für die SmarTest-Firmware liefert interessante Einsichten in den Zusammenhang der Exekutoren. Alle Koatome des Begriffsverbands haben genau eine Farbe, da sie jeweils nur einen Exekutor für ein Command beinhalten. Falls ein Begriff b mehr als nur eine Farbe hat, dann tragen die Routinen r_i mit dem Begriff b als Objektbegriff (also $\gamma(r_i) = b$) zur Implementierung von Funktionalität in unterschiedlichen Klassen bei. Das Färben entspricht hierbei der $1 : n$-Abbildung von Merkmalen auf Szenarien.

Bei dem Begriffsverband gab es nur wenige Begriffe oben im Verband, die mit mehreren Farben gefärbt waren, was zeigt, dass Routinen zwischen Klassen weniger wiederverwendet werden als innerhalb einer Klasse. Die Begriffe, die mit mehreren Farben eingefärbt wurden, befanden sich alle in der Nähe des 0-Elements. Die Hilfsroutinen, die in Begriffen mit nur einer Farbe zu finden sind, sind damit spezifisch für die jeweilige Klasse von Commands. Die Routinen, die nicht spezifisch für eine Klasse sind, werden dann auch gleich für alle Klassen wiederverwendet.

Die dynamische Analyse mit der nachfolgenden Begriffsanalyse bringt also etwas Struktur in den Kasten „Hilfsroutinen" in Abbildung 6.15: 534 Routinen konnten den einzelnen Exekutoren zugeordnet werden (von insgesamt 1 463 Routinen, die in wenigstens einem Szenario ausgeführt wurden).

Command-Klassifizierung

Wie erwähnt, stellte sich während der Analyse heraus, dass die Klassifizierung der untersuchten Commands unvollständig war. Es wurden nicht nur die Commands in Abbildung 6.16 in den Szenarien verwendet, sondern auch die Commands aus Abbildung 6.17. Diese unvollständige Klassifizierung gab uns die Möglichkeit zu prüfen, ob sich aus dem berechneten Begriffsverband herleiten ließ, wie diese zusätzlichen Commands ebenfalls klassifiziert werden können, und herauszufinden, welche Information außer dem Begriffsverband dazu noch nötig ist.

Einer der Analyseexperten bestimmte auf Grund des Begriffsverbandes die vermutete Klassifizierung der Commands. Dabei zog er die Wiederverwendung von Routinen bereits klassifizierter Commands als Kriterium zur Entscheidung heran. Die Annahme dabei war, dass ein Command mehr Routinen mit den Commands seiner Klasse teilt als mit Commands anderer Klassen. Insgesamt

Vermutung	Entwickler	Handbuch
Relay Control (Test Exekution)		
	FTST	
Level Setup Commands		
PSLV	PSLV	PSLV
CLMP	CLMP	
FTST		
	VBMP	VBMP
Timing Setup Commands		
DCDT		DCDT
CLKR	CLKR	CLKR
WSDM		
Vector Setup Commands		
VECC	VECC	VECC
	DMAS	DMAS
		SREC
Andere/Mehrere		
SDSC	SDSC	SDSC
DMAS		
STML	STML	STML
SREC	SREC	
VBMP		
	DCDT	
	WSDM	WSDM
		FTST
		CLMP

Abbildung 6.20: Der Vergleich der Klassifizierung der Commands mit den Orakeln „Entwickler" und „Handbuch"

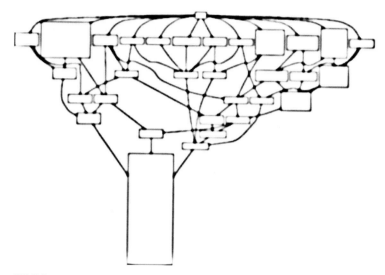

Abbildung 6.21: Der Begriffsverband für den Kontext, der aus den Szenarien der Timing Commands entsteht

wurden so sieben von zwölf Commands einer der Klassen zugeordnet. Für die restlichen Commands lieferte der Begriffsverband keine eindeutige Information.

Um die Vermutungen zu bestätigen, verwendeten wir zwei Orakel. Zuerst wurde der Entwickler gebeten, die Commands zu klassifizieren, und dann wurde die Dokumentation der Firmware konsultiert. Der Vergleich zwischen unseren Vermutungen und den beiden Orakeln ist in Abbildung 6.20 zusammengefasst.

Bemerkenswerterweise ist die Klassifizierung der Commands auch in der Dokumentation der Firmware unvollständig. Die beiden Commands CLMP und STML werden dort nicht beschrieben. Das Command FTST gehört laut Handbuch zu keiner der untersuchten Command-Klassen, sondern wurde vom Software-Architekten zur Analyse hinzugefügt, weil FTST der Startbefehl für die eigentliche Testausführung ist. Die Commands SDSC und WSDM können nicht eindeutig einer der Klassen zugeordnet werden, da sie Aspekte von unterschiedlichen Klassen implementieren.

Aus Abbildung 6.20 ist erkennbar, dass auch die Klassifizierung des Entwicklers unvollständig ist, da er nicht alle Commands kennt. (Es gibt über 250 Commands plus die zugehörigen Query-Commands.) Die Klassifizierung des Ent-

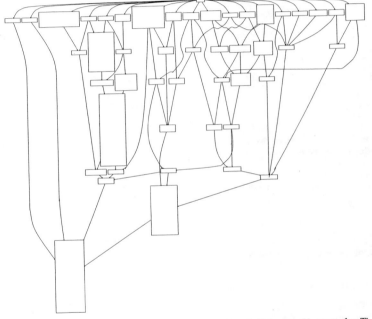

Abbildung 6.22: Der Begriffsverband, bei dem zusätzlich zum Kontext der Timing Commands auch die Vector Commands einbezogen wurden

wicklers stimmt mit der Klassifizierung im Handbuch bis auf das nicht beschriebene Command CLMP überein.

Nur für das Command FTST lag der Analyseexperte mit seiner Vermutung der Klassifizierung gänzlich falsch. Beim Command WSDM war die Entscheidung für eine von zwei gleichermaßen in Frage kommenden Klassen gefallen. Insgesamt konnten viele Commands korrekt klassifiziert werden – ohne Wissen über die Anwendung und die Implementierung des Systems.

Erfahrungen

Am Anfang der Fallstudie erklärten wir dem Entwickler die grundsätzliche Interpretation der Begriffsverbände, ohne dabei in die mathematischen Details einzusteigen. Der Entwickler hatte nach wenigen Minuten bereits verstanden, wie man den Begriffsverband liest – was nahe legt, dass auch Praktiker die Technik anwenden können, ohne sich den theoretischen Hintergrund zu erarbeiten.

Der Entwickler vermisste bei der Analyse vor allem den Zugriff auf statische Verweisinformationen. Diese wären insbesondere bei der Verwendung von Namensmustern hilfreich gewesen, um die Commands einfach zu klassifizieren.

Als weitere Quelle von Variationsmöglichkeit bei Szenarien haben sich während der Ausführung der Szenarien die Eingabedaten herausgestellt. Man darf bei der Ausführung von Funktionalität nicht vergessen, dass auch unterschiedliche Eingabedaten die Funktionalität erheblich beeinflussen können. Es kann also nötig werden, dieselbe abstrakte Systemfunktionalität mit Variationen von Eingabedaten mehrfach auszuführen, um eine vollständigere Abdeckung der Implementierung zu erreichen.

Die dynamische Analyse hat nur etwa 15 % der ca. 10 000 Routinen des Gesamtsystems in den Formalen Kontext des Begriffverbandes eingetragen. Die Anzahl der Szenarien war für eine praktische Untersuchung ausreichend groß, wenn auch auf den digitalen Teil der Firmware beschränkt. Der resultierende Begriffsverband für SmarTest enthält 165 Begriffe und ist damit eine Herausforderung an die Visualisierung. Bei der Visualisierung spielt dabei nicht so sehr die Berechnung des Layouts eine Rolle, sondern vielmehr die adäquate Darstellung. Die Layouts ließen wir von dem Werkzeug GraphViz (2002) berechnen. Die Berechnung selbst dauerte nur wenige Sekunden. Zum Arbeiten mit dem Verband mussten wir den Graphen jedoch auf Papier bringen – auf 19 Seiten DIN A4. Selbst dann war die Lesbarkeit der Beschriftung der Begriffe noch eingeschränkt. Der ästhetische Wert der gedruckten Begriffsverbände (besonders mit Einfärbung) sollte allerdings nicht unterschätzt werden.

Die Schwierigkeiten mit der Größe der Begriffsverbände spielen vor allem dann eine Rolle, wenn man mit mehreren Beteiligten über die Struktur diskutieren will, um ein Gefühl dafür zu bekommen, ob die Szenarien sinnvoll sind. Für automatische Anfragen und die Navigation des ASDG stellt die Größe der Begriffsverbände kein herausragendes Problem dar. Dort ist vielmehr die Größe des ASDG und ein geeignetes Werkzeug zu dessen Navigation erforderlich.

Um die Struktur der Verbände besser verstehen zu können, haben wir für Teilkontexte die Begriffsverbände berechnet. Damit die Diskussionen und Ergebnisse von den Begriffsverbänden für die Teilkontexte auf den Begriffsverband Gesamtkontext übertragen werden, sind allerdings Mittel notwendig, um die Begriffsverbände fundiert zu „vereinigen". Dies führte zur inkrementellen Anwendung der Formalen Begriffsanalyse. Die Begriffsverbände für die Teilkontexte der Timing Commands und der Timing und Vector Commands sind in den Abbildungen 6.21 und 6.22 zu sehen.

Zusammenfassung

Die SmarTest-Fallstudie hatte großen Einfluss auf die Entwicklung der in dieser Arbeit vorgestellten Merkmallokalisierung. Insbesondere die Idee, Merkmale und Szenarien voneinander zu unterscheiden und Routinen anhand der Merkmale zu kategorisieren (statt nur die Szenarien zu verwenden), entstand bei der Durchführung dieser Untersuchung.

Die Anwendung der ersten Fassung der Merkmallokalisierung an einer sehr großen, industriellen Software in Zusammenarbeit mit Entwicklern der Software hat trotz der großen Menge an Programmquellen und der großen Anzahl an Szenarien prinzipiell funktioniert. Zum Zeitpunkt der Fallstudie stand kein Werkzeug zur Verfügung, mit dem ein statischer Abgleich interaktiv möglich gewesen wäre.

Die Komplexität des mathematischen Hintergrunds der Formalen Begriffsanalyse lässt sich vor einem Anwender der Merkmallokalisierung verbergen: Der Entwickler bei Agilent hat die Bedeutung der Begriffsverbände in kurzer Zeit erfasst, ohne je etwas über die theoretischen Grundlagen zu erfahren. Die Interpretation der Begriffsverbände deckt sich mit der vermittelbaren Intuition.

6.6 Zusammenfassung

In diesem Kapitel habe ich anhand von drei Fallstudien an unterschiedlich umfangreichen Programmen gezeigt, dass die Merkmallokalisierung, wie ich sie in den Kapiteln 4 und 5 vorgestellt habe, in der Praxis durchführbar ist. Insbesondere die Laufzeit des Begriffsanalysealgorithmus war in keiner der Fallstudien problematisch. Das deckt sich auch mit den Ausführungen anderer Forschungsarbeiten, die mit der Begriffsanalyse arbeiten: Die theoretisch exponentielle Laufzeit ist in der Praxis je nach Voraussetzungen kubisch (Lindig 1999), quadratisch (Lindig 2000) oder sogar nur linear (Godin u. a. 1995).

Weiter hat sich herausgestellt, dass die berechneten Gruppierungen von Merkmalen und Routinen offensichtlich auch in der Praxis sinnvolle Zusammenstellungen ergeben. Der Abgleich der dynamischen Analyse mit statischen Daten ist sinnvoll, wenn auch nicht unbedingt notwendig, um sporadische und nicht-deterministische Effekte zu entschärfen. Die dynamische Analyse lieferte in den Fallstudien in der Praxis keine unerwarteten Ergebnisse, kategorisiert sondern die Routinen so, wie der Programmierer sie auch intuitiv einteilen würde. Über die Vollständigkeit der Kategorisierung der Programmentitäten lässt sich allerdings keine Aussage treffen.

Aus den Fallstudien haben sich eine Reihe von Ideen für pragmatische Verbesserungen der Merkmallokalisierung ergeben, die ich in Kapitel 7 vorstelle. Bei der Arbeit mit der Merkmallokalisierung habe ich des Weiteren eine Menge Erfahrung bezüglich der Reihenfolge der Arbeitsschritte gewonnen, die in Kapitel 8 in den Prozess für die Anwendung der Merkmallokalisierung einfließen.

Kapitel 7

Verfeinerungen

Die Welt wird alt und wird wieder jung,
Doch der Mensch hofft immer Verbesserung.
– Friedrich Schiller, „Hoffnung"

Die Erfahrungen, die ich bei der Durchführung der Fallstudien gemacht habe, lassen verschiedene Wünsche an die Technik der Merkmallokalisierung entstehen, um das Vorgehen praktikabler zu machen. Dieses Kapitel führt eine Reihe von Verbesserungen ein, die die Anwendung der Merkmallokalisierung in der Praxis leichter anwendbar machen, in dem sie auf verschiedene Arten die Begriffsverbände beeinflussen. Darüber hinaus biete ich noch Möglichkeiten an, die manuelle Inspektion von Begriffsverbänden zu unterstützen.

Überblick Abschnitt 7.1 beschreibt, wie die Formale Begriffsanalyse schrittweise auf Szenarien angewendet werden kann und wie man Benutzerwissen in den dynamischen Teil der Merkmallokalisierung einbeziehen kann. Diese inkrementelle Anwendung der Formalen Begriffsanalyse wird auch in den weiteren Abschnitten wiederholt benötigt. In Abschnitt 7.2 beschreibe ich die Möglichkeiten, wie die Eingabedaten für die Begriffsanalyse beeinflusst werden können, um die entstehenden Begriffsverbände kleiner und übersichtlicher zu machen. Die manuelle Inspektion der Begriffsverbände kann von den Techniken unterstützt werden, die in Abschnitt 7.3 beschrieben sind. Die Zusammenfassung der Verfeinerungen in Abschnitt 7.4 schließt das Kapitel ab.

7.1 Zusätze zur Begriffsanalyse

Bei der Durchführung der Fallstudien hat sich gezeigt, dass es wichtig ist, einen wohlstrukturierten Begriffsverband zu haben, bevor man mit der statischen Analyse beginnt. Einerseits können die Begriffsverbände durch Werkzeuge vollautomatisch mit vertretbarem Rechenaufwand erzeugt werden, zum Anderen wird der zeitliche Aufwand für die Navigation auf dem ASDG bedeutend von der Struktur des Begriffsverbands beeinflusst. Um sich bei der Untersuchung des ASDG die Arbeit zu erleichtern, sollte mithin der Begriffsverband eine Vertrauen erweckende Klassifizierung der Routinen bieten. Hinweise dafür liefern dabei vor allem die Namen der Routinen oder die Subsysteme, aus denen diese Routinen stammen.

Für diese manuelle Inspektion der Begriffsverbände ist es nützlich, zunächst nur wenige Szenarien zu betrachten. Um dann allerdings ein Gesamtbild der Merkmale zu erhalten, müssen weitere Szenarien in den Begriffsverband eingefügt werden. Das lässt sich technisch ganz einfach dadurch realisieren, dass die Formalen Kontexte aus Szenarien, Routinen und Merkmalen wiederholt mit Hilfe der Begriffsanalyse analysiert werden und man den erzeugten Begriffsverband betrachtet. Das nachträgliche Hinzufügen wird für den Betrachter der Begriffsverbände aber viel einfacher, wenn der Bezug zu dem aus dem kleineren Formalen Kontext entstandenen Begriffsverband deutlich gemacht werden kann. Durch den Einsatz einer inkrementellen Begriffsanalyse wird dieser Zusammenhang sofort hergestellt und darüber hinaus wird eine vollständige Neuberechnung des Begriffsverbandes vermieden.

7.1.1 Szenarien

Die einfachste inkrementelle Anwendung der Begriffsanalyse ist das Hinzufügen oder Entfernen von Ausführungsprofilen, die bei der Benutzung der Anwendung gemäß der Szenarien entstehen. Ohne die Interpretation des Begriffsverbandes erneut von Anfang an vorzunehmen, kann man sich beim inkrementellen Vorgehen auf die Änderungen im Verband konzentrieren. Dass dieses Vorgehen sinnvoll ist, beruht im wesentlichen auf der Tatsache, dass Kontexte, die durch Hinzufügen (bzw. Entfernen) von Zeilen oder Spalten auseinander hervorgehen, in einer Kontext-Teilkontext-Beziehung stehen. Dadurch sind die Veränderungen durch die selben einfachen, mathematisch fundierten Abbildungen nachvollziehbar wie sie in Abschnitt 2.3.2 beschrieben sind. Der Schritt zur Abbildung vom Teil- auf den Gesamtverband ist analog zu dem Vereinigen der Formalen Kontexte von Routinen-Szenario- und Merkmal-Szenario-Relation in Abschnitt 4.2.3. Der ursprüngliche Aufrufkontext stellt dann den Teilkontext, der Aufrufkontext mit den hinzugenommenen Szenarien und Merkmalen den Kontext dar.

Durch die inkrementelle Begriffsanalyse nach Godin u. a. (1995) wird diese Abbildung im Wesentlichen schon im Begriffsverband deutlich, da man unveränderte, veränderte und neu hinzugekommene Begriffe unterscheiden kann. Die so angepasste Begriffsanalyse liefert dann als Nebenprodukt die Antworten auf die Frage, welche Begriffe neu sind oder sich geändert haben.

Wird beispielsweise die Analyse von *MP* in zwei Schritten durchgeführt, ergibt sich die folgende Situation. Analyseschritt 1 untersucht den Teil der Szenarien aus der Aufruftabelle in Abbildung 4.6, die sich mit „malen" befassen, Analyseschritt 2 zusätzlich die weiteren Szenarien, die auch noch Zeichenobjekte „verschieben". Im ersten Analyseschritt ergibt sich der Verband wie in Abbildung 7.1 auf der nächsten Seite; im zweiten Schritt entsteht der Begriffsverband aus Abbildung 7.2. In letzterem sind die neu hinzugekommenen Begriffe grau hinterlegt; die anderen Begriffe sind bereits im Begriffsverband aus Abbildung 7.1 enthalten. Man beachte an dieser Stelle, dass sich in der nicht-reduzierten Darstellung die einzelnen Begriffe stärker unterscheiden. Dahingegen ist in der reduzierten Darstellung die Ähnlichkeit der beiden Begriffsverbände in diesem Beispiel sehr deutlich.

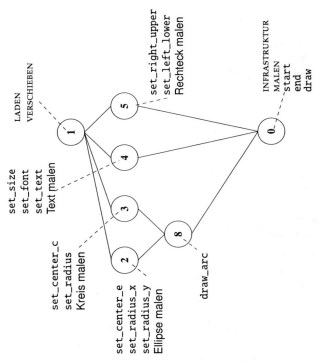

Abbildung 7.1: Der Verband für das Beispielprogramm *MP* nach Analyseschritt 1 bei inkrementellem Vorgehen. Die Merkmale LADEN und VERSCHIEBEN werden im ersten Schritt nicht benutzt und stehen daher im **1**-Element des Verbandes. Ebenso finden sich dort die Berechnungseinheiten, die im ersten Analyseschritt nicht involviert sind. Der Übersichtlichkeit halber wurden die (im ersten Teil des Formalen Kontextes) unbenutzten Berechnungseinheiten unterdrückt.

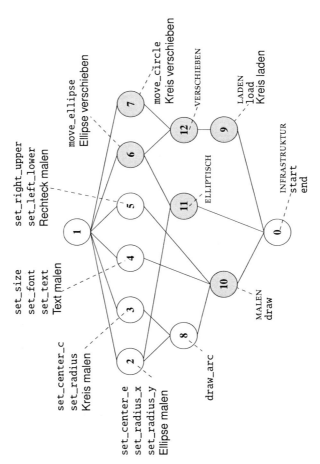

Abbildung 7.2: Der Begriffsverband nach Analyseschritt 2 des inkrementellen Vorgehens. Die zum Verband aus Abbildung 7.1 neu hinzugekommenen Begriffe sind eingefärbt. Hier sind auch die Merkmale LADEN und VERSCHIEBEN benutzt worden und stehen daher in Bezug zu Szenarien und Berechnungseinheiten.

7.1.2 Benutzermanipulationen

Bei der Betrachtung der Begriffsverbände oder bei der Navigation auf dem ASDG kann man Routinen identifizieren, die sich gesuchten Merkmalen zuordnen lassen, ohne dass diese Beziehung aus der dynamischen Analyse hervorgeht. Solche Fakten, die sich aus anderen Quellen ableiten, kann der Benutzer der Merkmallokalisierung für weitere Iterationen direkt in den Formalen Kontext oder den Begriffsverband eintragen. Letzteres entspricht einer Eintragung einer Routine in den Formalen Kontext, wobei gleich die notwendigen Relationen zu den Szenarien in den Kontext eingetragen werden.

Um dem Benutzer die Möglichkeit zu geben, direkten Einfluss auf den Begriffsverband zu nehmen, lasse ich folgende Aktionen auf dem Formalen Kontext und dem zugehörigen Begriffsverband zu:

1. Operationen am Begriffsverband, die keine Neuberechnung erfordern. In Bezug auf seine Struktur ändert sich der Begriffsverband bei den folgenden Aktionen nicht.

   - Verschieben von Routinen in Richtung des 0-Elements. Um eine Routine r zu verallgemeinern, verschiebt man diese entlang der Begriffshierarchie nach unten in Richtung 0-Element des Begriffsverbandes. Dies entspricht dem Setzen von Kreuzen im Formalen Kontext an den Relationen der Routine r und den Szenarien aus dem Inhalt des Zielbegriffs. Dabei wird keine Neuberechnung notwendig, solange durch diese Verschiebungen kein Begriff im reduzierten Begriffsverband völlig entleert wird.

   - Hinzufügen einer bislang nicht vorhandenen Routine r in einen Begriff des Begriffsverbands. Dieses entspricht dem Hinzufügen der Routine in den Formalen Kontext und, durch das Platzieren der Routine im Begriff b bestimmt, dem gleichzeitigen Setzen der passenden Kreuze im Formalen Kontext zwischen neu hinzugefügter Routine r und den Szenarien im Umfang *Inhalt*(b) dieses Begriffes b.

     Analog hierzu erfolgt das Löschen von Routinen aus dem Begriffsverband: solange keine Begriffe in der reduzierten Darstellung vollständig geleert werden, ändert sich die Struktur des Begriffsverbands nicht und eine Neuberechnung ist nicht erforderlich.

2. Operationen, die eine inkrementelle Neuberechnung erfordern. Bei den folgenden Aktionen ändert sich der Begriffsverband in vorhersehbarer Weise durch die Abbildung in den Kontext aus Kapitel 2.3.2 auf Seite 44:

- Hinzufügen einer Routine *r* in den Formalen Kontext, die bisher nicht vorhanden war. Beim Hinzufügen von Routinen kann der Benutzer die Relation zwischen Szenarien und hinzugefügten Routinen im Formalen Kontext beliebig bearbeiten.

- Löschen von Routinen aus dem Formalen Kontext. Das Löschen von Routinen aus dem Begriffsverband entspricht einem Löschen von Spalten aus dem Formalen Kontext, also der inversen Operation zum Hinzufügen von neuen Routinen. Im Allgemeinen beeinflusst diese Operation die Struktur des Begriffsverbandes. Eine inkrementelle Neuberechnung ist nicht erforderlich, wenn durch das Löschen der Routine keine leeren Begriffe bei der reduzierten Darstellung entstehen.

3. Operationen, die eine Neuberechnung erfordern. Dabei wird die Struktur durch die Änderungen völlig verändert und ein einfacher Übergang von dem vorherigen Begriffsverband zum neuen Begriffsverband ist nicht mehr möglich. Dies sind alle Änderungen an der Relation zwischen Szenarien und Routinen oder zwischen Szenarien und Merkmalen, die nicht zu den oben aufgeführten Änderungen gehören. Diese Manipulationen können die Struktur des Begriffsverbandes derart beeinflussen, dass nicht mittels einfacher Mittel ein neuer Begriffsverband aus dem alten Begriffsverband herzuleiten ist.

Auch im Falle von Benutzermanipulationen am Begriffsverband oder dem Formalen Kontext kann der Übergang von einem Begriffsverband zum anderen mit Hilfe der Abbildung (2.12) aus Kapitel 2.3.2 eingesetzt werden, um vorhergehende Analyseiterationen zu nutzen, solange die Änderungen verträglich mit der Struktur der Begriffsverbandes sind.

Die Beweise, dass die oben genannten Operationen mit den Begriffsverbänden so wie beschrieben funktionieren, finden sich in der Arbeit von Godin u. a. (1995).

7.2 Beeinflussung der Berechnungseinheiten

Begriffsverbände wachsen mit zunehmender Zahl von Objekten und Attributen, bei der Merkmallokalisierung also mit zunehmender Zahl an Szenarien, Merkmalen und Berechnungseinheiten. Um die Größe der Begriffsverbände zu reduzieren, kann es sich daher anbieten, anstatt der Routinen andere Berechnungseinheiten der Programmquellen zu verwenden, ohne an der Zahl der Szenarien und Merkmale etwas zu ändern. Diese Möglichkeit wird in Abschnitt 7.2.1 ausgeführt.

Eine zweite Möglichkeit, die Zahl der Berechnungseinheiten zu verringern, ist das Filtern der Information aus den Programmläufen der dynamischen Analyse. Hier bietet es sich etwa an, Routinen von geringem Interesse einfach auszublenden. Das Filtern ist in Abschnitt 7.2.2 näher beschrieben.

7.2.1 Granularitätenwechsel

Bei den durchgeführten Fallstudien waren die bei der dynamischen Analyse betrachteten Berechnungseinheiten letztendlich Funktionen der Sprache C. Ebenso könnte man aber auch Grundblöcke, Routinen, Module (Dateien), logische Module, Komponenten oder ähnliche logische oder physische Gruppierungen funktionaler Art bei der dynamischen Analyse verwenden. Bei der Wahl der Granularitäten der Berechnungseinheiten gilt es, drei Aspekte zu berücksichtigen:

1. Ingenieurstechnische Aspekte: Je größer die verwendeten Berechnungseinheiten sind, desto weniger Objekte werden für den Formalen Kontext und damit auch den Begriffsverband erzeugt. Dadurch wird wiederum die Komplexität der manuellen Navigation im Begriffsverband verringert. In manchen Fällen ist eine feingranulare Umsetzung der dynamischen Analyse nicht durchführbar, da die Datenmenge bei der Ausführung des instrumentierten Programms nicht mehr bewältigt werden kann. Diese Erfahrung haben auch Lukoit u. a. (2000) gemacht, bei denen die Instrumentierung auf Grundblockgranularität zu unpraktikabel großen Laufzeiten der Analyse geführt hat.

   Ist die Information, die durch eine grobe Granularität gewonnen wird, nicht ausreichend detailliert, so besteht die Möglichkeit, die Analyse in mehreren Iterationen durchzuführen und dabei die Granularitätsstufen zu mischen. Dabei wählt man für die erste Iteration die grobe Granularität und kann in weiteren Iterationen die Granularität für (aus Sicht der groben Analyse) interessant erscheinende Teile der Software kleiner wählen. Dieses iterative und inkrementelle Vorgehen wird durch die inkrementelle Analyse voll unterstützt.

2. Art der Analyse: Will man Information über die Zuständigkeit einer Berechnungseinheit gewinnen, so ist es oft nützlich, diese in die nächstfeinere Granularität zu zerlegen und dann zu untersuchen, welche Teile der Berechnungseinheit unabhängige Aufgaben verantworten. Beispielsweise kann ein solches Vorgehen bei objektorientierten Systemen Hinweise auf so genannte **Aspekte** liefern, die unterhalb der Methodenebene implementiert sind. In der Sprache C lassen sich dadurch „dispatching"-Mechanismen aufdecken, wenn etwa bei einer `switch`-Anweisung in verschiedenen Szenarien verschiedene Zweige ausgeführt werden.

3. Die Granularität, die für die Durchführung der Merkmallokalisierung gewählt wird, beeinflusst die Aufbereitung des ASDG. Dieser muss entsprechend der Granularität der Berechnungseinheiten Unterstützung für die Navigation bieten.

Die Effekte eines Granularitätswechsels auf die Struktur des Begriffsverbands lassen sich kurz zusammenfassen: Wenn etwa Dateien statt Routinen betrachtet werden, fallen alle Routinen, die im Begriffsverband auf die Begriffe $b_1, \ldots, b_n$ verteilt waren, in den gemeinsamen Supremumbegriff $b = \bigvee(b_1, \ldots, b_n)$, der ja die Vereinigungsmenge der jeweiligen Routinen im Umfang hat, zurück. Damit lassen sich die Effekte der Granularitätswechsel ebenfalls bei einer Vergröberung der Granularität einfach mittels inkrementeller Analyse fassen. Der umgekehrte Wechsel von einer groben zur feineren Granularität kann nicht ohne vollständige Neuberechnung des Begriffsverbandes erfolgen.

Metriken

Mit Bezug auf die zuvor diskutierten Granularitäten lassen sich die Metriken *disparity, concentration* und *dedication* von Wong u. a. (2000) aus Kapitel 3.1.4 auf Seite 55 auf beliebige Paare von Granularitäten verallgemeinern. Die Metriken für die Distanz, die Konzentration und die Widmung lassen sich auf Paare von zwei unterschiedlichen Granularitäten anwenden, bei denen eine Granularität Baustein der anderen Granularität ist. Zum Beispiel gilt dies für Grundblöcke und Routinen, Routinen und Module, aber auch für Grundblöcke und Module.

Auf diese Art können dann Fragen wie „Welcher Anteil an Grundblöcken einer Routine ist für Merkmal *m* zuständig?" beantwortet werden.

7.2.2 Filter

Eine offensichtliche Möglichkeit, die Anzahl der Objekte in einem Begriffsverband zu reduzieren, ist das Filtern von Berechnungseinheiten aus der dynamischen Analyse. Was genau beim Filtern ausgeblendet wird, kann durch Kenntnis des Systems (seitens des Software-Architekten) bestimmt werden. Dies kann entweder durch selektives Nicht-Instrumentieren von Programmteilen geschehen oder durch Herausnahme der Berechnungseinheiten aus den Programmprotokollen. Das Unterlassen der Instrumentierung reduziert von vorneherein die Datenmenge, was die Erzeugung und Handhabung der Profile vereinfacht. Das Filtern der Programmprotokolle vor der Begriffsanalyse hat dagegen den Vorteil, dass die Ausführung des Programms nicht wiederholt werden muss, wenn man in verschiedenen Analyseschritten die Filterregeln ändern möchte.

Bei der Erzeugung von Programmprotokollen können beliebige Filter angegeben werden; das Verwenden von Filtern ist besonders dann sinnvoll, wenn ganze Subsysteme zunächst von der Untersuchung ausgeschlossen werden sollen. Mit Hilfe der inkrementellen Analyse wie in Abschnitt 7.1 können Filter in späteren Analyseiterationen leicht wieder entfernt werden. Die Kategorisierung lässt sich dann auf die gefilterten Routinen einschränken.

Bei der dynamischen Analyse kommen zwei Arten von Filtern in Betracht. Zum Einen sind dies Filter, die Routinen gänzlich aus dem Formalen Kontext entfernen. Die zweite Art Filter sind Bias-Filter, die die Häufigkeit der Verwendung der Routinen mit berücksichtigen. Dazu muss bei der dynamischen Analyse mitprotokolliert werden, wie oft die einzelnen Routinen ausgeführt werden. Die gängigen Profiler-Werkzeuge erledigen diese Aufgabe ohne Schwierigkeiten.

Als Grundlage für einen Bias dient ein Szenario, durch dessen Ausführung die Schwellwerte für die Anzahl der Aufrufe definiert werden. Die weiteren Profile, die aus anderen Szenarien entstehen, werden beim Aufbau des Formalen Kontextes gegen diesen Bias aufgerechnet: Nur solche Routinen finden in den Formalen Kontext Aufnahme, deren Anzahl der Aufrufe die entsprechende Anzahl der Aufrufe im Bias übersteigt. Bias-Filter können auf das ganze System bezogen angewandt werden (wie bei der XFIG-Fallstudie in Abschnitt 6.4) oder man kann einen Bias-Filter je Szenario definieren (wie bei der SmarTest-Fallstudie in Abschnitt 6.5) und damit Routinen, die nicht von Belang sind, aus dem Formalen Kontext ausschließen. Diese beiden Arten Bias-Filter lassen sich auch in Kombination anwenden.

Durch die Definition eines Bias für das ganze System kann man die Anzahl der Routinen im 0-Element des Begriffsverbandes reduzieren und Initialisierungsroutinen von der Analyse ausschließen. Dazu wird man versuchen, das Programm auszuführen und sofort wieder zu beenden. Die dabei ausgeführten Routinen werden als Initialisierungsroutinen betrachtet, und im Formalen Kontext werden nur die Routinen berücksichtigt, die in anderen Szenarien häufiger aufgerufen werden als dies durch die Initialisierung geschehen ist. Bei der XFIG-Fallstudie konnte dieser Bias mittels eines Starten-Beenden-Szenarios definiert werden.

Wenn man für jedes einzelne Szenario einen Bias-Filter definiert, kann man über Initialisierungsroutinen hinaus auch noch Routinen ausschließen, die lediglich zur Herstellung eines bestimmten Programmzustandes benötigt werden. Bei der SmarTest-Fallstudie waren solche Bias-Filter bei der Erstellung und Ausführung der Szenarien für komplexe Firmware-Commands im Einsatz.

7.3 Navigationshilfen

Hat man den Begriffsverband mit den in den vorigen Abschnitten beschriebenen Verfahren gestutzt, ist die Navigation des Verbandes an der Reihe. Oftmals kann die Orientierung innerhalb des Begriffsverbandes entscheidend erleichtert werden, wenn man zum Einen leere Begriffe ausblendet und zum Anderen die Möglichkeit hat, an Hand von Einfärbungen die Begriffe zu erkennen, in denen bestimmte Merkmale vorkommen. Ebenso nützlich ist das Einfärben eines Verbandes gemäß der Kategorisierung der Routinen mit Bezug auf verschiedene Merkmale.

7.3.1 Leere Begriffe

Für die rechnergestützte Navigation auf dem Begriffsverband ist die Zahl der entstehenden Begriffe handhabbar. Versucht man allerdings, sich manuell einen ersten Überblick über die Software nur anhand des Begriffsverbandes zu verschaffen, ist ein großer Begriffsverband sehr hinderlich. Bei vielen Begriffsverbänden fällt auf, dass viele der erzeugten Begriffe in der reduzierten Darstellung leer sind, also weder Szenario- noch Merkmal- oder Routinenbegriff für vorkommende Szenarien oder Merkmale und Routinen sind.

Diese Begriffe tragen nichts zur Verständlichkeit des Begriffsverbandes bei; sie erschweren im Gegenteil die Lesbarkeit ungemein. Eine erste Maßnahme gegen diesen Umstand besteht im Entfernen der „leeren" Begriffe[1]. Damit allerdings die Abhängigkeiten der restlichen Begriffe erhalten bleiben, müssen die Kanten, die die <-Relation repräsentieren, transitiv durchgereicht werden.

7.3.2 Einfärben anhand des Begriffsverbandes

Bei der praktischen Arbeit mit den Begriffsverbänden hat sich ein Einfärben der Begriffe des Verbandes nach Objekten und Attributen des Formalen Kontexts zum Einen und das Einfärben der Begriffe nach den Kategorien aus Kapitel 4.2.2 zum Anderen als nützlich erwiesen.

Objekte und Attribute Das Einfärben von Begriffen des Begriffsverbandes eignet sich zur schnellen Suche nach Szenarien, Merkmalen oder Routinen. Die Einfärbungen sind in diesem Fall allerdings durch Anzahl der unterscheidbaren Farben beschränkt. Zur Suche wird zunächst für die jeweils zu markierende Einheit eine Farbe festgelegt, in der die Begriffe, die diese Einheit enthalten, eingefärbt werden. Das Einfärben nach Szenarien, Merkmalen oder Routinen geschieht so, dass alle Begriffe b, in denen das Szenario s im Inhalt des Begriffes vorkommt, also $s \in Inhalt(b)$ bzw. in denen das Merkmal m oder die Routine r im Umfang des Begriffes enthalten ist, also $m \in Umfang(b)$ oder $r \in Umfang(b)$, in einer bestimmte Farbe dargestellt werden.

Interessante Einblicke bringt es, wenn man mehrere Merkmale zugleich in dem Begriffsverband einfärbt. Dann kann man die Begriffe, in denen die betrachteten Merkmale auftauchen, mit den verschiedenen Farben kennzeichnen und beim Vorkommen mehrerer Merkmale die Begriffe „gemischt" einfärben. Dadurch werden die Interferenzen zwischen Merkmalen schnell deutlich gemacht.

Kategorien im ASDG Hat man andererseits den Wunsch, die Routinen im ASDG für ein Merkmal für einen schnellen Überblick zu kategorisieren, bietet es sich an, die verschiedenen Begriffe der jeweiligen Begriffskategorien einzufär-

---

[1]Leere Begriffe sind die Begriffe im Verband, die für keine Routine Routinenbegriff, für kein Merkmal Merkmalbegriff und auch für kein Szenario Szenariobegriff sind.

ben. Hier braucht man fünf Farben für die fünf Kategorien sowie ein Merkmal oder eine Menge von Merkmalen, nach dem der Verband nun kategorisch eingefärbt werden soll. Dadurch gewinnt man schnell einen visuellen Eindruck, um spezifische und relevante Routinen zu dem jeweiligen Merkmal (oder der Menge von Merkmalen) zu lokalisieren.

7.4 Zusammenfassung

Dieses Kapitel hat die Möglichkeiten zur Verfeinerung der Merkmallokalisierung in der praktischen Anwendung aufgeführt. Das Mittel der inkrementellen Begriffsanalyse spielt hierbei eine zentrale Rolle, da zum Einen die Merkmallokalisierung iterativ durchgeführt werden kann. Zum Anderen können Fakten aus nicht Quelltext gestützten Analysen durch nachträgliches und zusätzliches Einfügen in Begriffsverbände und Formale Kontexte mit der inkrementellen Begriffsanalyse einfach integriert werden.

Die praktischen Probleme mit unüberschaubaren Datenmengen aus der dynamischen Analyse wurden mit den Methoden aus den Abschnitten 7.2 und 7.3 bewältigt. In Abschnitt 7.3 habe ich Möglichkeiten aufgezeigt, wie der Begriffsverband besser verständlich aufbereitet werden kann.

Kapitel 8

Ein Prozess zur Merkmallokalisierung

"We shall not fail or falter; we shall not weaken or tire.
Give us the tools and we will finish the job."
– Winston Churchill

Dieses Kapitel stellt einen Prozess zur Merkmallokalisierung vor, der sich im Wesentlichen aus den Erfahrungen mit der Technik und den eingesetzten Werkzeugprototypen in den durchgeführten Fallstudien ableitet. Ausgehend von den Programmquellen und den Merkmalen steht am Ende des Prozesses die vom Benutzer validierte Abbildung der Merkmale auf die Programmquellen als Ergebnis des Prozesses fest.

Überblick In Abschnitt 8.1 werden als erstes die am Prozess zur Merkmallokalisierung beteiligten Rollen vorgestellt. Der Aufbau und der Ablauf des Prozesses werden in Abschnitt 8.2 beschrieben. Die zur praktischen Umsetzung notwendigen Werkzeuge und die Implementierung des Prozesses werden schließlich in Abschnitt 8.3 vorgestellt. Das Kapitel schließt in Abschnitt 8.4 mit einer kurzen Zusammenfassung.

8.1 Aktoren

Zur Bezeichnung der Rollen verwende ich im Weiteren die maskuline Form, um sprachlich zweifelhafte Formulierungen zu umgehen. Dabei ist impliziert, dass alle Rollen auch von weiblichen Personen ausgefüllt werden können. Die verschiedenen Rollen, die in diesem Prozess von Menschen ausgefüllt werden müssen, sind die Folgenden:

1. Der **Reengineer**. Er ist die Person, die daran interessiert ist, heraus zu finden, wie die Merkmale auf die Programmquellen abgebildet werden können. Er interpretiert den Begriffsverband und führt die weiteren statischen Analysen durch.

2. Der **Anwendungsexperte**. Der Anwendungsexperte hat ein möglichst umfangreiches Wissen über die zu untersuchende Software. Er entwirft die Szenarien für die Ausführung und listet die benutzten Merkmale für die verschiedenen Szenarien auf.

3. Der **Anwender**. Diese Person benutzt das System entsprechend den vom Anwendungsexperten entwickelten Szenarien.

In der Praxis kann jede dieser Rollen von mehreren Personen zugleich besetzt werden. Umgekehrt ist es auch möglich, dass eine Person zu verschiedenen Zeitpunkten bei den Prozessschritten des folgenden Abschnitts in verschiedene Rollen schlüpft.

8.2 Prozessschritte

Der Prozess, der die Anwendung der Merkmallokalisierungstechnik steuert, ist in Abbildung 8.1 in der Notation von IDEF0 (1993) wiedergegeben. Die Eingangsdaten für den Prozess sind die Programmquellen und die relevanten Merkmale, denen die Programmquellen zugeordnet werden sollen. Das Resultat des Prozesses ist die vom Benutzer statisch validierte Merkmal-Programmeinheiten-Abbildung.

Der Reengineer ist an jedem Prozessschritt beteiligt, der Anwendungsexperte sinnvollerweise auch. In den Prozessschritten, in denen einer der beiden explizit noch einmal auftaucht, soll dies die Rolle bei diesem Schritt betonen.

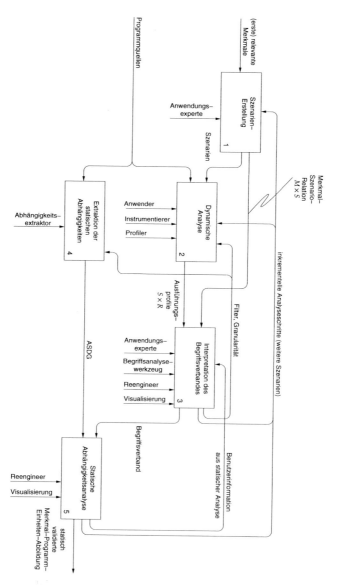

Abbildung 8.1: Übersicht über den Prozess zur Merkmallokalisierung

8.2.1 Überblick

Die fünf Hauptaktivitäten im Prozess sind

1. Aktivität: **Szenarien-Erstellung.** Auf Grund der Merkmale, die entweder bereits zu Anfang bekannt sind oder während der Analyse entdeckt werden, erstellt der Anwendungsexperte Szenarien, die die gewünschten Merkmale abdecken. Des Weiteren muss in diesem Schritt die Abbildung von Szenarien auf Merkmale $M \times S$ erstellt werden.

   Beteiligte: Anwendungsexperte

2. Aktivität: **Dynamische Analyse.** Das Quellprogramm wird mit Hilfe eines dafür geeigneten Instrumentierers vom Reengineer instrumentiert und entsprechend den in Aktivität 1 erstellten Szenarien von einem Anwender benutzt, um die Ausführungsprofile zu gewinnen.

   Beteiligte: Reengineer und Anwender

3. Aktivität: **Interpretation des Begriffsverbandes.** Die aus der dynamischen Analyse in Aktivität 2 gewonnenen Daten werden vom Reengineer ausgewählt, durch das Begriffsanalysewerkzeug in einen Begriffsverband überführt und dann durch den Reengineer unter Zuhilfenahme eines Visualisierungswerkzeugs interpretiert. Dabei werden erste relevante Berechnungseinheiten identifiziert. Dieser Schritt entspricht dem Vorgehen in Kapitel 4 und wird bei Bedarf mehrmals ausgeführt.

   Beteiligte: Anwendungsexperte und Reengineer

4. Aktivität: **Extraktion der statischen Abhängigkeiten.** Die statischen Abhängigkeiten des analysierten Systems werden mit geeigneten Quellcodeanalysewerkzeugen extrahiert und in Form eines ASDG oder SDG gesichert.

   Beteiligte: Reengineer

5. Aktivität: **Statische Abhängigkeitsanalyse.** Der Reengineer durchforstet den ASDG (bzw. den SDG) nach weiteren für die ausgewählten Merkmale relevanten Berechnungseinheiten mit Hilfe des Begriffsverbandes aus Aktivität 3, wie in Kapitel 5 beschrieben. Bei der Navigation hält der Reengineer Rücksprache mit dem Anwendungsexperten. Für diese Tätigkeit verwendet der Reengineer wiederum ein Visualisierungs- und Navigationswerkzeug.

   Beteiligte: Anwendungsexperte und Reengineer

Die Aktivitäten 1, 2, 3 und 5 sind voneinander abhängig und müssen in der ersten Iteration in dieser Reihenfolge ausgeführt werden. Die Extraktion der statischen Abhängigkeiten ist von den anderen Aktivitäten unabhängig und wird für die Untersuchung nur einmal pro Granularität benötigt. Die Extraktion kann parallel zu den Aktivitäten 1, 2 und 3 erfolgen. Nachfolgende Iterationen müssen diesen Schritt nur dann erneut ausführen, wenn bei der Interpretation der Begriffsverbände in Aktivität 3 klar wird, dass die Untersuchung des Programms auf einer anderen Granularität ausgeführt werden soll.

Die Interpretation der Begriffsverbände und der Abgleich der Begriffsverbände mit dem ASDG oder SDG ist in die beiden Aktivitäten 3 und 5 aufgeteilt. Dies rührt daher, dass es oft sinnvoll ist, zunächst den Begriffsverband zu interpretieren und zu verfeinern, bevor man die zeitaufwändige statische Validierung durchführt. Aktivität 3 kann im Prozess mehrfach durchgeführt werden, bevor das erste Mal mit dem ASDG oder SDG gearbeitet wird.

8.2.2 Informationsfluss

In diesem Abschnitt gehe ich auf die einzelnen Aktivitäten des Prozesses im Detail ein und gebe an, welche Information für die einzelnen Aktivitäten benötigt und welche Information bei den Aktivitäten berechnet wird. Die Aktivitäten 2 (**Dynamische Analyse**) und 3 (**Interpretation des Begriffsverbandes**) werden verfeinert und in Teilschritte zerlegt.

1. Aktivität (**Szenarien-Erstellung**): Der Anwendungsexperte startet mit einer Liste von Merkmalen, die untersucht werden sollen. Anhand dieser Merkmale erstellt er entsprechende Szenarien, die ihm geeignet scheinen, die Merkmale in der Software abzudecken. Die Szenarien werden in Aktivität 2 zur Ausführung des instrumentierten Programms verwendet. In späteren Prozessiterationen können bei Bedarf die bereits erstellten Szenarien durch weitere Szenarien ergänzt, verfeinert oder geändert werden.

   Zusätzlich zu den Szenarien wird in diesem Schritt die Merkmal-Szenario-Relation $M \times S$ erstellt, die in Aktivität 3 zur Berechnung des Begriffsverbandes gebraucht wird.

2. Aktivität (**Dynamische Analyse**): Die dynamische Analyse ist gegliedert in eine Vorbereitungs- und eine Ausführungsphase. Die Details der dynamischen Analyse sind in Abbildung 8.2 dargestellt.

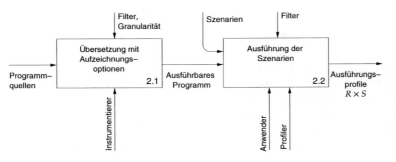

Abbildung 8.2: Die Extraktion der dynamischen Information aus den Programmquellen

2.1. Aktivität (**Übersetzung mit Aufzeichnungsoptionen**): Diese Phase ist die Vorbereitungsphase. Der Reengineer übersetzt die Programmquellen mit einem „Instrumentierer" und übergibt das entstandene ausführbare Programm an den Anwender. Beim Instrumentieren der Programmquellen fließen die Informationen über Filter und Granularitäten ein, um die späteren Ausführungsprofile in geeigneter Weise zu erzeugen. Beispielsweise kann hier ein Teil der Programmquellen nicht instrumentiert werden.

2.2. Aktivität (**Ausführung der Szenarien**): Der Anwender benutzt das in Aktivität 2.1 instrumentierte Programm gemäß den Szenarien, die in Aktivität 1 entstanden sind. Die dabei erzeugte dynamische Information wird gesichert, eventuell gefiltert und mit Hilfe des Profilers vom Reengineer in die gewünschte Form der Ausführungprofile gebracht. Die Ausführungsprofile werden gesammelt und als Routinen-Szenario-Relation $R \times S$ zur Interpretation in Aktivität 3 weitergegeben.

Für eine interpretierte Sprache wie Java kann dieser Schritt so abgewandelt werden, dass die eigentliche Instrumentierung der Programmquellen entfällt und stattdessen eine virtuelle Maschine zur Ausführung verwendet wird, die dem Profiling entsprechende Laufzeitinformation protokolliert.

3. Aktivität (**Interpretation des Begriffsverbandes**): In diesem Schritt werden die Ausführungsprofile $R \times S$ und die Merkmal-Szenario-Relation $M \times S$ vereinigt, mit Hilfe der Formalen Begriffsanalyse analysiert und der daraus berechnete Begriffsverband interpretiert.

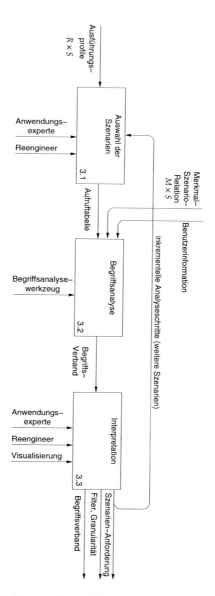

Abbildung 8.3: Die grundlegende Interpretation des Begriffsverbandes

Die Interpretation des Begriffsverbandes findet in den drei Schritten statt, die in Abbildung 8.3 aufgeschlüsselt sind. Zunächst werden in Aktivität 3.1 die Szenarien ausgesucht, die für die Begriffsanalyse in Frage kommen. Dann wird in Aktivität 3.2 die Begriffsanalyse für die entsprechenden Teile der Merkmal-Szenario- und der Routinen-Szenario-Relation durchgeführt. Der resultierende Begriffsverband wird in Aktivität 3.3 interpretiert.

3.1. Aktivität (**Auswahl der Szenarien**): Der Anwendungsexperte trifft die Auswahl, welche der in Aktivität 2.2 erzeugten Ausführungsprofile konkret für die folgende Interpretation herangezogen werden. Bei diesem Schritt kann der Anwendungsexperte die Merkmal-Szenario-Relation $M \times S$ in Absprache mit dem Anwender noch einmal auf ihre Realitätsnähe überprüfen, also verifizieren, ob die Szenarien auch tatsächlich die Merkmale abdecken, von denen er dies bei der Erstellung der Szenarien in Aktivität 1 erwartet hat.

3.2. Aktivität (**Begriffsanalyse**): Der Reengineer führt mit dem Begriffsanalysewerkzeug die Begriffsanalyse durch. Dabei werden Ergebnisse aus früheren Analyseiterationen berücksichtigt und die Benutzerinformation über die Aufrufrelation (in Form von Änderungen am Formalen Kontext) wird hier einfließen.

3.3. Aktivität (**Interpretation**): Der Reengineer und der Anwendungsexperte interpretieren den Begriffsverband wie in Abschnitt 4.2 beschrieben. Der Begriffsverband wird mit Hilfe des Visualisierungswerkzeugs aufbereitet und wie in den vorangehenden Kapiteln beschrieben interpretiert.

Das Ergebnis dieser Aktivität sind zum Einen der Begriffsverband, wie er später in Aktivität 5 verwendet wird. Zum anderen lässt sich in diesem Schritt erkennen, ob es notwendig wird, in Aktivität 1 weitere Szenarien zu erstellen und bei der Begriffsanalyse zu berücksichtigen. Mit den hier gewonnenen Erkenntnissen kann man entscheiden, die Aktivität 2 mit anderen Filter- und Instrumentierungseinstellungen zu wiederholen.

4. Aktivität (**Extraktion der statischen Abhängigkeiten**): Der Reengineer benutzt ein Werkzeug zur Extraktion der statischen Abhängigkeiten aus den ungeänderten Programmquellen und extrahiert den ASDG oder SDG des

Programms. Der extrahierte Abhängigkeitsgraph wird bei Aktivität 5 verwendet und muss entsprechend den gewünschten Granularitäten aufbereitet werden.

5. Aktivität (**Statische Abhängigkeitsanalyse**): Der Reengineer führt die statische Abhängigkeitsanalyse in Zusammenarbeit mit dem Anwendungsexperten durch. In diesem Schritt kann wiederum Anwenderinformation direkt in den Begriffsverband mit einfließen. Die statische Abhängigkeitsanalyse wird wie in Kapitel 5 beschrieben durchgeführt.

Bei Bedarf können die Aktivitäten 1, 2, 3 und 5 so lange iteriert werden, bis die vom Benutzer statisch validierte Merkmal-Programmeinheiten-Abbildung für alle gewünschten Merkmale und Programmeinheiten erstellt ist und dann als Ergebnis des Prozesses feststeht.

8.2.3 Iterationen

Der Prozess enthält mehrere Rückkopplungen zwischen den einzelnen Aktivitäten, die jeweils verschiedenen Zwecken dienen. Im Folgenden sind die Rückkopplungen beschrieben.

- Aktivität 3 → Aktivität 2 (Filter und Granularität):

  1. Bereits bei der Untersuchung des Begriffsverbandes in Aktivität 3 kann es auffallen, dass Szenarien fehlen, die zum Verständnis von Merkmalen beitragen. Andererseits können Szenarien von hier aus verfeinert werden, bis der Begriffsverband einfacher zu interpretieren ist und ein klareres Bild liefert.

  2. Bei einer Informationsschwemme und schwer überschaubaren Begriffsverbänden kann der dynamischen Analyse ein Hinweis auf Filter bzw. Granularitätsänderungen für die Gewinnung der Ausführungsprofile gegeben werden.

- Aktivität 3 → Aktivität 4 (Filter und Granularität):

  Falls bei der Interpretation klar wird, dass die Analyse der statischen Abhängigkeiten auf einer anderen Granularität durchgeführt werden muss, um das Programm zu verstehen, kann die Extraktion der statischen Fakten erneut erfolgen.

- Aktivität 3 → Aktivität 1, Aktivität 5 → Aktivität 1 und Aktivität 5 → Aktivität 2 (inkrementelle Analyseschritte):

  Bei der Interpretation des Begriffsverbandes in Aktivität 3 oder bei der statischen Abhängigkeitsanalyse in Aktivität 5 gewonnene Erkenntnisse können dazu führen, dass weitere Szenarien analysiert werden müssen und zur feineren Unterscheidung von Merkmalen angefordert werden. Dabei kann es entweder sein, dass in Aktivität 1 neue Szenarien entwickelt werden müssen, oder dass diese schon vorhanden sind, aber in Aktivität 2 nicht bei der Erstellung der Ausführungsprofile berücksichtigt wurden.

- Aktivität 5 → Aktivität 3 (Benutzerinformation):

  Falls bei der Navigation der statischen Abhängigkeiten Informationen (beispielsweise über nicht-funktionale Programmteile) gewonnen werden, die direkt in den Formalen Kontexten oder den Begriffsverband eingetragen werden, kann die Information auf dem Wege dieser Rückkopplung eingebracht werden.

- Aktivität 3.3 → Aktivität 3.1 (inkrementelle Analyseschritte):

  Falls der Begriffsverband bei der Interpretation noch Bedarf nach weiteren Szenarien auslöst, kann die Begriffsanalyse (inkrementell) mit weiteren Ausführungsprofilen wiederholt werden.

8.3 Werkzeuge und Implementierung

So, wie die Merkmallokalisierung in den vorangegangenen Kapitel vorgestellt wurde, ist schnell klar, dass eine rein manuelle Durchführung nicht praktikabel ist. Für ein in der Praxis verwendbares Verfahren wird eine Reihe von Werkzeugen benötigt.

Die Aufgaben, die während einer Merkmalanalyse zu erledigen sind, müssen teilweise mit Werkzeugen durchgeführt werden. Die Werkzeuge, die zur Verfügung stehen müssen, sind in Abschnitt 8.3.1 aufgeführt. Die Integration der Einzelwerkzeuge zu einem Gesamtwerk ist in Abschnitt 8.3.2 zusammengefasst.

8.3.1 Werkzeuge

Im Folgenden sind die für die Merkmallokalisierung in den jeweiligen Aktivitäten benötigten Werkzeuge aufgeführt.

- Instrumentierung (Aktivität 2.1) und Profilermittlung (Aktivität 2.2).

  Zur Instrumentierung kann beispielsweise ein Compiler dienen, der den Quelltext des Programms in ein ausführbares Programm übersetzt und für die Durchführung der dynamischen Analyse geeignet instrumentiert. Als Werkzeug verwende ich die Compiler aus der GNU Compiler Collection GNU gcc (2004).

  Die mittels Compilerschalter instrumentierten Programme erzeugen Laufzeitprofile in einem Binärformat. Dieses Format wird nicht direkt verwendet, sondern zur Profilermittlung mit einem Profiler herangezogen. In der Umsetzung geschieht das mittels des Werkzeugs GNU gprof (2004), das die Laufzeitprofile im Binärformat in ein Textformat überträgt.

  Alternativ kann bei interpretierten Programmiersprachen auch der Interpreter derart verwendet werden, dass die Protokolle für die in der Programmiersprache ablaufenden Kontrollflussübergänge erstellt werden. Das eigentliche Instrumentieren entfällt dann und die Protokolle liegen in einem vom Interpreter definierten Format vor, das eventuell noch in eine geeignete Form für die nachfolgende Aktivität 3.1 zu bringen ist.

- Begriffsanalyse (Aktivität 3.2).

  Zur Berechnung der Begriffsverbände dient ein Begriffsanalysewerkzeug. Für die wiederholten Durchläufe der Aktivität 3 sollte das Werkzeug in der Lage sein, inkrementelle Analysen durchzuführen, um so die Strukturveränderungen der Begriffsverbände bei Hinzunahme von Szenarien nachvollziehbar zu machen.

  Zur Durchführung der Begriffsanalyse gibt es das frei verfügbare, in der Programmiersprache C portabel implementierte Werkzeug **concepts** von Lindig (1998). **Concepts** wird in Forschungsarbeiten häufig als Begriffsanalysewerkzeug herangezogen, da es ohne großen Aufwand zu verwenden ist. Allerdings unterstützt **concepts** keine inkrementellen Analysen.

  Auf Grund dieser Tatsache habe ich ein weiteres Begriffsanalysewerkzeug **Bauhaus/fca** in Ada95 implementiert. Dieses Werkzeug berechnet die Begriffsverbände nach dem Algorithmus, der in Godin u. a. (1995) beschrieben ist. Es kann die Verbände auch schrittweise berechnen und liefert die Information über den Entstehungszeitpunkt der Begriffe gleich mit. Das Werkzeug **Bauhaus/fca** ist in der Bauhaus-Werkzeugsammlung integriert.

Die Werkzeuge lesen einen Formalen Kontext in Form einer Textdatei ein, berechnen den zugehörigen Begriffsverband und geben diesen in verschiedenen Formaten als Graph wieder aus.

- Statische Analysen (Aktivität 4).

Einen Abhängigkeitsextraktor, der auf der passenden Granularität die statischen Abhängigkeiten der Programmquellen in einen ASDG oder SDG aufbereitet, bietet Eisenbarth u. a. (1999) und Bauhaus (2003). Die statischen Analysen können in den unterschiedlich abstrakten Formaten **Bauhaus/IML** (Rohrbach 1998) (feingranular, quellnah, SDG) oder auch **Bauhaus/RFG** (Eisenbarth 1998) (grobgranular, globale Beziehungen, ASDG), dargestellt werden.

- Visualisierung und Navigation (Aktivitäten 3.3 und 5).

Zur Visualisierung und Navigation benötigt man ein graphisches Werkzeug, mit dem der Anwender sowohl den Begriffsverband als auch den Formalen Kontext darstellen, navigieren und (in eingeschränkter Form wie in Abschnitt 7.1 auf Seite 166 beschrieben) manipulieren kann. Die Formalen Kontexte, die Begriffsverbände und der ASDG oder SDG können in dem Werkzeug **Bauhaus/Gravis** (Czeranski u. a. 2002), einem Teil von Bauhaus, visualisiert und interaktiv navigiert werden.

Die Begriffsverbände lassen sich am einfachsten analysieren und interpretieren, wenn sie ansprechend angeordnet sind. Um das Layout der Begriffsverbände zu erzeugen, kann man etwa den Layouter **graphviz** (GraphViz 2002) heranziehen. Auch **Bauhaus/Gravis** bietet eine ganze Reihe nützlicher Layoutalgorithmen an und verwendet **graphviz**.

Die hier aufgeführten Werkzeuge unterstützen jeweils einzelne Aktivitäten. Eine benutzerfreundliche Lösung erfordert noch die Integration der Einzelteile in ein Ganzes. Diese Integration wird in Abschnitt 8.3.2 beschrieben.

8.3.2 Integration der Werkzeuge in Bauhaus

Die zuvor erwähnten Werkzeuge sind alle für verschiedene Schritte der Merkmallokalisierung zuständig. Damit der Anwender sich nicht mit diesen vielen einzelnen Teilaufgaben an sich beschäftigen muss, hat Wielandt (2004) die Integration der Merkmallokalisierung in Bauhaus implementiert. Das entstandene Werkzeug **Bauhaus/Merlot** erleichtert die Anwendung der Begriffsanalyse, indem es eine integrierte Analyseumgebung zur Verfügung stellt. Integrierte Bestandteile sind:

- Ein Editor für die Formalen Kontexte. Der Editor dient zur Erstellung der Merkmal-Szenario-Relation und zur Navigation und Manipulation der Routinen-Szenario-Relation nach Wünschen des Benutzers.

- Verschiedene Selektionsmöglichkeiten für Szenarien, Merkmale und Routinen, um die Einfärbung von Begriffsverbänden zu unterstützen.

- Eine Darstellung von ASDG und Begriffsverbänden im Rahmen der graphischen Benutzerschnittstelle.

- Die Einfärbung von Begriffsverbänden gemäß der Merkmale und Szenarien.

- Die Durchführung der Begriffsanalyse und Verwaltung von Begriffsverbänden.

8.4 Zusammenfassung

In diesem Kapitel habe ich einen Prozess zur Merkmallokalisierung vorgeschlagen, wie er sich aus den Erfahrungen mit den Fallstudien sinnvollerweise ergibt. Dazu habe ich die an dem Prozess teilnehmenden Aktoren beschrieben und dargestellt, wie diese in den einzelnen Prozessschritten zusammenarbeiten. Damit der Prozess iterativ ablaufen kann, sind die Übergänge und Informationsflüsse zwischen den Prozessschritten wichtig.

Damit die Merkmallokalisierung in der Praxis einsetzbar ist, benötigt sie Werkzeugunterstützung. Diese wird mit Bauhaus und den in Abschnitt 8.3 beschriebenen Werkzeugen erreicht; in seiner Diplomarbeit hat Wielandt (2004) die einzelnen Werkzeuge in Bauhaus integriert, um die Arbeit für den Anwender so einfach wie möglich zu gestalten.

Kapitel 9

Rückblick und Ausblick

*Wer seine Hand an den Pflug legt
und sieht zurück, der ist nicht
geschickt für das Reich Gottes.*
– Lukas 9,62

9.1 Rückblick

In Abschnitt 1.2 habe ich die Ziele dieser Arbeit formuliert. Hier will ich nun klarstellen, dass diese Ziele auch erreicht wurden. Das primäre Ziel war die Beschreibung der Merkmallokalisierung zur Beantwortung einer Reihe von Fragen, die sich einem Wartungsingenieur bei den Tätigkeiten in der Software-Wartung stellen. Die Fragen im Einzelnen und die Antworten darauf sind:

1. Die Vorstellung der Merkmallokalisierung ist der erste Punkt der in Abschnitt 1.2 genannten Ziele.

   Die Merkmallokalisierung habe ich im Kapitel 4 zunächst in einer vereinfachten Form unter der Annahme, dass ein Szenario genau einem Merkmal entspricht, auf der Grundlage der Formalen Begriffsanalyse eingeführt. Diese anfängliche Vereinfachung habe ich dann durch Erweiterungen der Relationen zwischen Szenarien und Merkmalen sowie Szenarien und Routinen erweitert, um allgemeinere $n : m$-Situationen zwischen Szenarien und Merkmalen zuzulassen. Schließlich habe ich am Ende des Kapitels 4 die Behandlung der beiden Abbildungen zwischen Szenarien und Merkmalen sowie Szenarien und Routinen integriert. Dabei treten die Szenarien im Begriffsverband in den Hintergrund und die ursprüngliche Suche nach den Merkmalen wird betont.

In Kapitel 5 habe ich die Merkmallokalisierung durch die dynamische Gewinnung der Szenario-Routinen-Abbildung praxistauglich gemacht. Damit durch die Verwendung dynamischer Information keine Fehler in der Analyse gemacht werden, musste ich dann die Merkmallokalisierung mit einer anschließenden statischen Überprüfung des ASDG koppeln.

Die in Abschnitt 1.2 gestellten Fragen, in welchem Umfang Programmeinheiten für Merkmale benötigt werden, erfordern an dieser Stelle eine Präzisierung des Begriffs „benötigt". Zum Ersten kann man unter „benötigt" verstehen, dass „ein Programmteil für ein bestimmtes Merkmal immer ausgeführt wird" (i). Zum Zweiten kann man „benötigt" auffassen als „funktioniert nicht immer ohne" (ii). Die Resultate der Formalen Begriffsanalyse bieten eine Grundlage für Antworten in der folgenden Art je nach Interpretation von „benötigt":

(a) Welche Programmteile werden für ein Merkmal m benötigt?

    i. Mit der ersten Interpretation sind das alle Programmeinheiten p, die im Umfang des Merkmalbegriffs $\gamma(m)$ enthalten sind, also $p \in Umfang(\gamma(m))$.

    ii. Die zweite Interpretation liefert darüber hinaus noch die abhängigen Programmeinheiten, da auch auf die abhängigen Programmeinheiten aus den immer ausgeführten Programmeinheiten eines Merkmals heraus zugegriffen werden kann und somit statische Abhängigkeiten existieren.

(b) Welche Programmteile p werden nur für ein Merkmal m benötigt?

Bei beiden Interpretationen sind das alle spezifischen Programmeinheiten p, also die Programmeinheiten p, für die der Programmeinheitsbegriff $\gamma(p)$ gleich dem Merkmalbegriff $\gamma(m)$ ist. (Falls mehrere Merkmale denselben Merkmalbegriff haben, sind diese funktional nicht unterscheidbar und die Programmeinheiten sind dann für mehrere Aliase spezifisch.)

(c) Welche Programmteile p werden nicht für ein Merkmal m benötigt?

i. Legt man die erste Interpretation zugrunde, sind das zum Einen die Programmeinheiten, die nicht ausgeführt wurden, und zum Anderen all die Programmeinheiten, die nicht im Umfang des Merkmalbegriffs $\gamma(m)$ enthalten sind.

ii. Bei der zweiten Interpretation finden hier wiederum die abhängigen Programmeinheiten entsprechend Berücksichtigung. Bei diesen kann nicht ausgeschlossen werden, dass sie zur Funktionsfähigkeit des Merkmals beitragen. Damit fallen diese Programmeinheiten aus der Menge der nicht benötigten Programmeinheiten heraus.

(d) Welche Programmteile p werden für verschiedene Merkmal m_i gemeinsam benötigt?

i. Bei der ersten Interpretation von „benötigt" sind das die Programmeinheiten, die im Umfang des gemeinsamen Unterbegriffs der verschiedenen Merkmalbegriffe $\gamma(m_i)$ enthalten sind.

ii. Im Fall der zweiten Interpretation liefert der Schnitt aller benötigten Routinen wie in Punkt (1a) die Antwort.

(e) Wie spezifisch ist ein Programmteil p für ein Merkmal m?

Diese Frage lässt sich mit Hilfe der Mittel aus Abschnitt 4.2.3 beantworten.

(f) Wie hängen Merkmale m_i voneinander ab?

Diese Frage lässt sich durch das isolierte Betrachten des Begriffsverbandes der Szenario-Merkmal-Abbildung aus Abschnitt 4.2.2 beantworten.

Die durch die Formale Begriffsanalyse und die Interpretation des Begriffsverbandes erstellten Hypothesen lassen sich durch die Navigation der statisch extrahierten Fakten in Form eines ASDG verifizieren und Aussagen treffen, die von der Unsicherheit der dynamischen Analyse befreit sind.

2. Das Ziel, die vorgestellte Technik der Merkmallokalisierung qualitativ zu bewerten, wurde in Kapitel 6 verfolgt. Bei der Durchführung der Fallstudien sind eine Reihe von pragmatischen Erkenntnissen entstanden, die im Anschluss zur Verfeinerung der Technik herangezogen wurden. Die Verfeinerungen wurden in Kapitel 7 genau beleuchtet.

3. Ebenfalls aus den Erfahrungen mit der Merkmallokalisierung bei den Fallstudien ergibt sich die Antwort auf die Frage nach einem Prozess zum Einsatz der Merkmallokalisierung in Kapitel 8.

4. In Zusammenhang mit dem Prozess habe ich auch die zur Merkmallokalisierung notwendigen Werkzeuge spezifiziert. Dazu zählt das inkrementell arbeitende Begriffsanalysewerkzeug sowie die Werkzeuge, die die Auswertung der dynamischen Analysedaten vornehmen. Mit Hilfe von Wielandt (2004) wurde die Merkmallokalisierung in das Bauhaus-Projekts integriert und eine graphische Benutzeroberfläche zur Verfügung gestellt.

Die Anfangs gesteckten Ziele der Arbeit wurden erreicht.

9.2 Ausblick

Nachdem die Merkmallokalisierung in dieser Arbeit ausführlich erklärt wurde, möchte ich noch die gewonnen Erfahrungen nutzen, um einige Ideen für zukünftige Forschungsarbeit zu formulieren.

Folgende Möglichkeiten sehe ich in den unterschiedlichen Bereichen:

Inkrementelle Begriffsanalyse für die verwandten Arbeiten mit statischer Information Viele der in Kapitel 3 vorgestellten Arbeiten, die die Formale Begriffsanalyse einsetzen, kämpfen mit einem Überfluss an Eingangsinformationen, auf denen die Begriffsverbände berechnet werden. Die Nutzbarkeit der Begriffsverbände leidet teilweise erheblich unter der unüberschaubaren Größe. Die Untersuchung, ob für einige der Arbeiten eine schrittweise Analyse die Ergebnisse verbessern könnte, halte ich für einen interessanten Schritt.

Weitere Verfeinerungen der Merkmallokalisierung Die Merkmallokalisierung erhält als Eingabedaten für die Begriffsanalyse die Relationen zwischen Szenarien und Merkmalen sowie zwischen Szenarien und Routinen. Letztere wird durch die dynamische Analyse gewonnen. Bislang wird dabei die Aufrufhäufigkeit von Routinen noch nicht berücksichtigt. Ob die Aufrufhäufigkeiten im Zusammenhang mit der Erweiterung der Formalen Kontexte auf so genannte „mehrwertige Kontexte" (siehe dazu Ganter und Wille 1996) bessere Begriffsverbände liefern, ist eine weitere offene Frage.

Auch die Untersuchung von Spurprotokollen statt Profilen habe ich im Rahmen dieser Arbeit nicht näher untersucht. Es ist bislang nicht geklärt, ob die Information über die Reihenfolgen der Ausführung von Programmteilen in die Merkmallokalisierung gewinnbringend einbezogen werden kann.

Merkmallokalisierung und andere Reengineering-Techniken Es gibt verschiedene Ideen, die Merkmallokalisierung mit anderen Reengineering-Techniken zu kombinieren. Zum Einen steht eine nähere Untersuchung der Integrationsmöglichkeiten mit anderen Techniken zum Thema Programmverstehen, etwa die von Koschke (2000) vorgestellte halbautomatische Komponentenerkennung an. Verschiedene Ansätze sind dort denkbar, bei denen sowohl die statischen strukturellen Analysen von den dynamischen Aspekten der Merkmallokalisierung profitieren können, als auch umgekehrt die Merkmallokalisierung stärker aus den statischen Informationen Nutzen ziehen könnte. Dabei können die Resultate der Komponentenerkennung als Granularität in die Merkmallokalisierung einfließen oder bei der statischen Validierung des Begriffsverbandes zur Navigation verwendet werden. Umgekehrt kann die zeitaufwändige manuelle Überprüfung der Komponentenerkennung durch die Suche nach Komponenten getrieben werden, die mit bestimmten Programmmerkmalen zu tun haben. Dadurch kann die Komponentenerkennung zielgerichtet durchgeführt werden.

Eine weitere Analyse, die im Bauhaus-Projekt angegangen wird, ist die statische Objektspurerkennung. Die Kombination der Ergebnisse der Begriffsanalyse der dynamischen Spuren mit einer Analyse von Daten aus einer statischen Objektspurerkennung scheint vielversprechend. Die statischen Objektspuren sehe ich dabei als Ergänzung für die Verwendung der Ausführungsprofile.

Der Einsatz der Merkmallokalisierung im Kontext von Software-Produktlinien dient der Identifikation von Varianten. Dazu werden die Informationen über den Zusammenhang von Merkmalen genutzt, um gezielt eine gegebene Menge von Merkmalen zu untersuchen, ohne dabei das System vollständig zu analysieren. Dieser Themenbereich wird von der AG Softwaretechnik an der Universität Bremen weiter verfolgt.

Schließlich könnte sich die Merkmallokalisierung auch im Zusammenhang mit Hierarchischen Reflexion Modellen (Koschke und Simon 2003) als nützliche Information erweisen. Umgekehrt könnten auch bei den Reflexion Modellen verwendete Benutzerhypothesen weiter in die Merkmallokalisierung integriert werden.

Objektorientierte Software Die Merkmallokalisierung habe ich in dieser Arbeit nur bei prozedural implementierten System angewandt. Die Resultate bei der Analyse objektorientierter Systeme gehen vermutlich in die Richtung einer „Aspektlokalisierung". Diese Idee wurde bereits von Tonella und Ceccato (2004) aufgegriffen. Bei objektorientierten Programmiersprachen könnte auch die Szenario-Routinen-Relation um einen weiteren Faktor bereichert werden, nämlich um den des designierten Objekts, auf dem die Methoden oder Routinen arbeiten.

Insbesondere für Java als interpretierte Sprache sollte sich diese Daten verhältnismäßig einfach dynamisch gewinnen lassen, da die Laufzeitumgebung alle notwendigen Informationen über Klassen und Objekte kennt. Bei C++ haben erste Versuche gezeigt, dass es im Vergleich zu Java schwieriger ist, die Objekte und Methoden zur Laufzeit zu identifizieren, um darüber Protokolle anzufertigen.

Allgemein glaube ich, dass eine dynamische Analyse wie die Merkmallokalisierung von objektorientierten Programmen sehr nützlich sein wird, da tendenziell viel mehr dynamische Entscheidungen in einem Programm erst zur Laufzeit getroffen werden.

9.3 Letzte Worte

Diese Arbeit trägt dazu bei, Programme vom Standpunkt der Anwender zu analysieren und bietet damit dem Programmierer die Möglichkeit, die Anwenderkonzepte mit Quelltexten zu assoziieren. Die Merkmallokalisierung kombiniert dazu dynamische und statische Programmanalysen und verwendet ein fundiertes mathematischen Verfahren zur Aufbereitung der dynamisch gewonnen Information. Mit Hilfe der Merkmallokalisierung gewinnt man so eine neue Sichtweise auf Programme aus der Sicht der funktionalen Eigenschaften, die auch dem Anwender zugänglich ist.

Anhang A

Vergleich mit verwandten Arbeiten

In diesem Kapitel vergleiche ich meine Merkmallokalisierung mit den verwandten Arbeiten aus den Abschnitten 3.1 und 3.2 und arbeite die Gemeinsamkeiten und Unterschiede heraus.

A.1 Merkmallokalisierung

Die Gemeinsamkeit mit allen Arbeiten aus Abschnitt 3.1 ist die Suche nach der Implementierung von Merkmalen. Ebenso wie die Software Reconnaissance von Wilde u. a. (1992) und die Technik des Execution Slicers von Wong u. a. (1999) verwende ich letztlich aus praktischen Gründen bei der Merkmallokalisierung dynamisch gewonnene Information.

Die Klassifizierung der Programmeinheiten aus Kapitel 2.1.4 unterscheidet sich von der Klassifizierung bei Wilde u. a. wie sie in Kapitel 3.1.1 wiedergegeben wurde. Insbesondere die folgenden Gemeinsamkeiten und Unterschiede möchte ich herausheben:

- Die spezifischen Programmeinheiten der Merkmallokalisierung entsprechen den *UCOMPS* der Software Reconnaissance.

- Die geteilten Programmeinheiten entsprechen den *SHARED* Komponenten bei Wilde u. a.. Die Berechnung der geteilten Programmeinheiten erfolgt bei meiner Merkmallokalisierung direkt mit der Begriffsanalyse, bei der Software Reconnaissance wird die Menge der *SHARED* auf Basis von *IICOMPS*, *UCOMPS* und *CCOMPS* berechnet.

- Die *CCOMPS* der Software Reconnaissance finden ihre Entsprechung im 0-Element des Begriffsverbandes.

- Allerdings werden bei meiner Merkmallokalisierung die Programmeinheiten im 0-Element des Begriffsverbandes als relevante Programmeinheiten aufgefasst. Meine relevanten Programmeinheiten entsprechen daher *nicht* den relevanten Programmeinheiten bei Wilde u. a.. Darüberhinaus bietet der Begriffsverband die Möglichkeit, die Relevanz von Programmeinheiten abgestuft zu beurteilen.

- Die Kategorie der abhängigen Programmeinheiten ist bei Wilde u. a. nicht definiert.

- Die irrelevanten Programmeinheiten sind bei Wilde u. a. in Bezug auf *ein* Merkmal ebenfalls definiert, werden aber nicht weiter betrachtet. Meine Merkmallokalisierung kann auch ausgeführte Routinen als irrelevant für ein Merkmal klassifizieren.

Über die reine Lokalisierung der Merkmale hinaus ermöglicht es meine Merkmallokalisierung auch, die Beziehung von Merkmalen untereinander zu untersuchen und eine abgestufte Einteilung der Implementierung der Merkmale vorzunehmen. Über die rein dynamische Analyse (wie Wilde u. a.) hinaus betreibe ich aber bei der Merkmallokalisierung auch noch eine nachgeschaltete statische Analyse. Diese statische Analyse ähnelt der DGS von Chen und Rajlich (2000) (die ich in Kapitel 3.1.2 besprochen habe), wird aber von den Ergebnissen der dynamischen Analyse geleitet und macht von einer Reihe statischer Analysen Gebrauch, wie sie in den Bauhaus-Werkzeugen implementiert sind.

A.2 Begriffsanalyse und dynamische Information

Die Unterschiede und Gemeinsamkeiten von Merkmallokalisierung, CCA von Ball (1999) und URCA von Bojic und Velasevic (2001, 2000a, b) haben wir bereits in Bojic, Eisenbarth, Koschke, Simon und Velasevic (2004) ausgeführt. Im Folgenden sind die wesentlichen Gemeinsamkeiten und Unterschiede nochmals wiedergegeben.

Ebenso wie bei Ball und Bojic und Velasevic wird bei der Merkmallokalisierung die Formale Begriffsanalyse auf dynamisch gewonnene Programmprofile angewendet. Die Wahl der Mengen der Objekte und Attribute für die Begriffsanalyse ist für URCA und Merkmallokalisierung ähnlich und in Abbildung A.1 kontrastiert.

Das Interesse liegt bei meiner Merkmallokalisierung vor allem im Verhältnis von Merkmalen und Routinen. Wir wollen ermitteln, welche Routinen für Merkmale auszeichnend sind. Bei meiner Merkmallokalisierung wird die Beziehung von zwei Teilmengen der Objekte (Merkmale und Routinen) über ihre Relation zu den Attributen (Szenarien) analysiert. Dagegen ist Ball mit seiner CCA in erster Linie am Verhältnis der ausgeführten Routinen interessiert ist, um daraus dynamische Entsprechungen für statische Kontrollflussbeziehungen wie Dominanz, Postdominanz und Regionen zu ermitteln. Im Sinne der Begriffsanalyse betrachtet Ball die Beziehungen von Attributen seiner Begriffsanalyse untereinander.

Die von Bojic und Velasevic entwickelte Technik dient zum Gruppieren von Klassen und Methoden in UML-Pakete auf der Grundlage von UML-Use-Cases. Nimmt man also an, dass sich, abgesehen von (diskutierbaren) Feinheiten, die Terminologie von Bojic und Velasevic folgendermaßen auf unsere Terminologie abbilden lässt: (a) Testfall ≈ Szenario und (b) Use-Case ≈ Merkmal, scheint die Arbeit auf den ersten Blick sehr ähnlich. Auch Bojic und Velasevic berücksichtigen, dass es häufig keine 1:1-Korrespondenz von Szenarien zu Merkmalen (bzw. Testfall und Merkmal) gibt und geben Hinweise auf eine inkrementelle Anwendung der Formalen Begriffsanalyse.

Jedoch ist die Anwendung der Formalen Begriffsanalyse unterschiedlich: die Mengen von Objekten sind ähnlich, aber die Attribute der Formalen Begriffsanalyse unterscheiden sich. Außerdem werden die Relationen unterschiedlich definiert. Die Auswirkungen auf die erzeugten Begriffsverbände sind erheblich: Bojic und Velasevic bauen ihre Relation derart auf, dass möglichst ein Begriffsverband herauskommt, der nach Entfernen des 0-Elements ein echter Baum ist.

Schließlich ist auch nur bei der Merkmallokalisierung eine echte inkrementelle Analyse beschrieben, bei der man von den „kleinen" Verbänden eine wohldefinierte Abbildung in die Verbände der erweiterten Formalen Kontexte hat. Bei Bojic und Velasevic wird die Begriffsanalyse mit einem veränderten Formalen Kontext erneut durchgeführt.

Anders als die Arbeiten von Ball oder Bojic und Velasevic verwendet die Merkmallokalisierung aber nicht nur die Ergebnisse aus der Begriffsanalyse der dynamischen Information, sondern benutzt den Begriffsverband zusammen mit statisch extrahierten Fakten, um die Analyseergebnisse statisch abzugleichen.

Formale Begriffsanalyse	CCA Ball (1999)	URCA Bojic und Velasevic (2001)	Merkmallokalisierung
Objekt o	Testfall t	Methode m	Merkmal/Routine m oder r
Attribut a	Berechnungseinheit p	Use-Case u ($\approx$ Merkmal)	Szenario s
Inzidenzrelation I	p „wird abgedeckt von" t	m „implementiert" u	Merkmal-Szenario-Relation $MS \cup B$
Objektbegriff $\gamma(o)$	$\gamma(t)$	Methoden-Begriff $\gamma(m)$	Merkmalbegriff $\gamma(m)$ oder $\gamma(r)$
Attributbegriff $\mu(a)$	$\mu(p)$	Use-Case-Begriff $\mu(u)$	Szenariobegriff $\mu(s)$

Abbildung A.1: Der Vergleich der Verwendung der Begriffsanalyse bei der CCA, der URCA und der Merkmallokalisierung

Anhang B

Handbuch zu Concepts

Auf den folgenden Seiten ist das Handbuch des Werkzeugs **Concepts** von Lindig (1998) abgedruckt, das zum Nachvollziehen der Fallstudie an diesem Werkzeug in Abschnitt 6.3 dienen soll. Die Bedienungsanleitung ist unverändert übernommen worden.

NAME

concepts – compute concept lattice from relation

SYNOPSIS

concepts [**-o** *file*] [**-f** *format*] **-c** | **-g** | **-G** | **-a** | **-s** [*file*]

DESCRIPTION

Concepts(1) calculates a lattice of concepts from a binary relation and outputs the result in a user specified format. Concept lattices are also known as Galois lattices. The relation associates *objects* with *attributes*. The input is read either from stdin or from *file*; output is written to stdout or to a *file* specified by the **-o** option. The format of the output is controlled by a format string supplied by the **-f** option. Beside all concepts, *concepts(1)* can compute the arrow relation over the input, the number of concepts, and can create output suitable as *graphplace(1)* input to print the structure of the concept lattice.

OPTIONS

-c   Calculate all concepts and write them to the *file* specified by **-o** or to stdout otherwise. The output format is controlled by the *format* string supplied to **-f**. If no such format string is given, the default format string **objects[%i]:%t%o%nattributes[%i]:%t%a%n** is used. The following format flags are valid in conjunction with this option:

    %i

        replaced by the number of the actual concept.

    %O

        replaced by the list of objects belonging to the actual concept. Each element is delimited by the delimiter as specified by **%:**.

    %A   replaced by the list of attributes belonging to the actual concept. Each element is delimited by the delimiter as specified by **%:**.

    %o   replaced by the list of objects introduced by the actual concept. Each element is delimited by the delimiter as specified by **%:**.

    %a   replaced by the list of attributes introduced by the actual concept. Each element is delimited by the delimiter as specified by **%:**.

    %<   replaced by the list of numbers of all concepts which are sub concepts of the actual concept. Each element is delimited by the delimiter as specified by **%:**.

    %>   replaced by the list of numbers of all concepts which are super concepts of the actual concept. Each element is delimited by the delimiter as specified by **%:**.

    %:c   set the delimiter for list elements to *c*. Default is the space character.

    %+   Line breaking on. When this flag is set a heuristic line breaking is switched on. Line breaking inserts newlines when a line becomes longer than 65 characters. Newlines are not inserted in the middle of an object or attribute but may occur between any two characters of the format string. If this is not what you want so you can turn it off. By default line breaking is on.

    %-   Switch line breaking off.

    %%   Output a single %.

    %n   Output a newline.

    %t   Output a tab.

-f   Write output in a format according to *format*. The meaning of *format* depends on the flags it is used with. See the description for options **-c** and **-a**. In general it is inspired from the well known printf() format string. If no format string is specified, a default string is used. Any character from the format string different from **%** is copied verbatim to the output.

-a   Objects and attributes from the input may be upward and/or downward arrow-related. This option calculates both relations and outputs them in a format according to the string supplied to **-f.** First the upward arrow relation is emitted and then the downward arrow relation. The format string specifies the appearance of an object and its related attributes; the default format string is **%O: %A;%n.** The following format flags (supplied to **-f**) flags exist:

%i   replaced by the number of the actual object.

%O   The name of the actual object. **%:**

%A   replaced by the list of attributes related to the actual object. Each element is delimited by the delimiter as specified by **%:**

%o   Same as **%O**

%a   Same as **%A**

%:c   set the delimiter for list elements to *c*. Default is the space character.

%+   Line breaking on. When this flag is set a heuristic line breaking is switched on. Line breaking inserts newlines when a line becomes longer than 65 characters. Newlines are not inserted in the middle of an object or attribute but may occur between any two characters of the format string. If this is not what you want so you can turn it off. By default line breaking is on.

%-   Switch line breaking off.

%%   Output a single **%**.

%n   Output a newline.

%t   Output a tab.

-s   Do not compute the concept lattice but only count the number of concepts and report them.

-g   generate output for *graphplace(1)*. This permits to generate a PostScript representation of the lattice. Each concept is labeled with a number which corresponds to the numbers used by the output of **-c**.

-G   same as **-g** but concepts are labeled with objects and attributes spelled out. This is suitable only for small lattices.

-o   write output not to stdout but to *file* as specified by this option.

-h   print a short usage information to stderr.

INPUT FORMAT

concepts reads its input from stdin if no extra *file* is specified. The following lines show an example:

```
% input to concepts
% comments start with a percent sign
% and go up to the end of line

obj.1: atr_1 atr_2 atr_3 ;
```

```
obj.2: atr_3 atr_4          % continued on next line
       atr_5;
obj.2: atr_1;               % also permitted
obj.3: atr_2 atr_5;
```

The input relates objects with their attributes, each of them given by identifiers. Object and attributes are delimited by a colon and the list of attributes end with a semicolon. Identifiers may start with an upper or lower case letter followed by letters, numbers, dots or underscores Comments start with a percent sign and lead up to the end of line. Tabs and empty lines are also permitted. The formal grammar of the input is as follows:

```
start -> context
context -> object
context -> context object
object -> IDENT ":" seqAttribute ";"
object -> IDENT ":" ";"
seqAttribute -> IDENT
seqAttribute -> seqAttribute IDENT
```

BUGS

Error messages should be improved.

NO WARRANTY

This program is distributed in the hope that it will be useful, but without any warranty; without even the implied warranty of merchantability or fitness for a particular purpose. See the GNU General Public License for more details.

NOTES

Graphplace is a graph placement filter, with postscript features and was written by Jos van Eijndhoven (jos@es.ele.tue.nl).

AUTHOR

Christian Lindig (lindig@eecs.harvard.edu), Harvard University Divison of Engineering and Applied Science, Cambridge, MA 02138, USA.

SEE ALSO

graphplace(1)

Ganther, R. Wille, K.E. Wolff (Eds.), *Beitraege zur Begriffsanalyse* (Contributions to Concept Analysis), 1987,BI-Wissenschafts-Verlag, Mannheim, Germany

R. Wille, B. Ganther, *Formale Begriffsanalyse - Dritter Teil: Mathematische Theorie der Formalen Begriffsanalyse*, Course Notes, 1993, Darmstadt, Germany.

Literaturverzeichnis

1 **Agilent 2003a** AGILENT TECHNOLOGIES: **Agilent SmarTest Program Generator for the Agilent 93000 SOC Series Test Systems.** Im Internet verfügbar unter http://www.agilent.com/see/smartest_pg. 2003

2 **Agilent 2003b** AGILENT TECHNOLOGIES: **Agilent 93000 SOC Series.** Im Internet verfügbar unter http://www.agilent.com/see/soc. 2003

3 **Ball 1999** BALL, Thomas: The Concept of Dynamic Analysis. In: **Proceedings of the 7th European Software Engineering Conference held jointly with the 7th ACM SIGSOFT Symposium on the Foundations of Software Engineering** Bd. LNCS 1687. Toulouse, Frankreich : Springer, September 1999, S. 216–234

4 **Ballance u. a. 1990** BALLANCE, Robert A. ; MCCABE, Arthur B. ; OTTENSTEIN, Karl J.: The Program Dependence Web: A Representation Supporting Control-, Data-, and Demand-Driven Interpretation of Imperative Languages. In: **Proceedings of the SIGPLAN'90 Conference on Programming Language Design and Implementation.** White Plains, NY, USA : ACM Press, Juni 1990, S. 257–271

5 **Bauhaus 2003** PLÖDEREDER, Erhard ; BELLON, Stefan ; CZERANSKI, Jörg ; EISENBARTH, Thomas ; KOSCHKE, Rainer ; SIMON, Daniel ; VOGEL, Gunther ; ZHANG, Yan: **The New Bauhaus Stuttgart.** Im Internet verfügbar unter http://www.bauhaus-stuttgart.de/. 2003

6 **Baumöl u. a. 1996** BAUMÖL, Ulrike ; BORCHERS, Jens ; EICKER, Stefan ; HILDEBRAND, Knut ; JUNG, Reinhard ; LEHNER, Franz: Einordnung und Terminologie des Software Reengineering. In: **Informatik Spektrum** 19 (1996), S. 191–195

7 **Birkhoff 1940** BIRKHOFF, Garret: **Lattice Theory.** Providence, RI, USA : American Mathematical Society Colloquium Publications 25, 1940

8 **Bojic u. a. 2004** BOJIC, Dragan ; EISENBARTH, Thomas ; KOSCHKE, Rainer ; SIMON, Daniel ; VELASEVIC, Dusan: Addendum to "Locating Features in Source Code". In: **IEEE Computer Society Transactions on Software Engineering** (2004), Februar, S. 140

9 **Bojic und Velasevic 2000a** BOJIC, Dragan ; VELASEVIC, Dusan: A Use-Case Driven Method of Architecture Recovery for Program Understanding and Reuse Engineering. In: **Proceedings of the 4th European Conference on Software Maintenance and Reengineering**. Zürich, Schweiz : IEEE Computer Society Press, Februar 2000, S. 23–32

10 **Bojic und Velasevic 2000b** BOJIC, Dragan ; VELASEVIC, Dusan: URCA Approach to Scenario-Based Round-trip Engineering. In: **Proceedings of the OOPSLA 2000 Workshop on Scenario-based Round-Trip Engineering**. Minneapolis, MN, USA : unpublished, Oktober 2000, S. 51–56

11 **Bojic und Velasevic 2001** BOJIC, Dragan ; VELASEVIC, Dusan: A Method for Reverse Engineering of Use-Case Realizations in UML. In: **The Australian Journal of Information Systems** 8 (2001), Mai, Nr. 2

12 **Bosch 2000** BOSCH, Jan: **Design & Use of Software Architectures**. Addison-Wesley and ACM Press, 2000

13 **Chen und Rajlich 2000** CHEN, Kunrong ; RAJLICH, Václav: Case Study of Feature Location Using Dependence Graph. In: **Proceedings of the 8th International Workshop on Program Comprehension**. Limerick, Irland : IEEE Computer Society Press, Juni 2000, S. 241–249

14 **Chikofsky und Cross II. 1990** CHIKOFSKY, Elliot J. ; CROSS II., James H.: Reverse Engineering and Design Recovery: A Taxonomy. In: **IEEE Software** 7 (1990), Januar, Nr. 1, S. 13–17

15 **Czarneki und Eisenecker 2000** CZARNEKI, Krzysztof ; EISENECKER, Ulrich W.: **Generative Programming**. Addison-Wesley, 2000

16 **Czeranski u. a. 2000** CZERANSKI, Jörg ; EISENBARTH, Thomas ; KIENLE, Holger ; KOSCHKE, Rainer ; SIMON, Daniel: Analyzing xfig Using the Bauhaus Tool. In: **Working Conference on Reverse Engineering**. Brisbane, Australien : IEEE Computer Society Press, November 2000, S. 197–199

17 **Czeranski u. a. 2002** CZERANSKI, Jörg ; EISENBARTH, Thomas ; SIMON, Daniel: Softwarevisualisierungstool Gravis. In: **4. Workshop Software Reengineering**. Bad Honnef, Deutschland : Universität Koblenz-Landau, April 2002, S. 25–26. – Fachberichte Informatik, Nr. 9/2002

18 **van Deursen und Kuipers 1999** DEURSEN, Arie van ; KUIPERS, Tobias: Identifying Objects using Cluster and Concept Analysis. In: **Proceedings of the 21st International Conference on Software Engineering**. Los Angeles, CA, USA : IEEE Computer Society Press, 1999, S. 246–255

19 **Eisenbarth 1998** EISENBARTH, Thomas: **GropiusSE — Eine Resource Flow Graph Bibliothek in Ada95 für das Speichern und Aufbereiten von Reengineeringinformationen**, Universität Stuttgart, Studienarbeit, Januar 1998

20 **Eisenbarth u. a. 1999**   EISENBARTH, Thomas ; KOSCHKE, Rainer ; PLÖDEREDER, Erhard ; GIRARD, Jean-François ; WÜRTHNER, Martin: Projekt Bauhaus: Interaktive und inkrementelle Wiedergewinnung von SW-Architekturen. In: **1. Workshop Software-Reengineering**. Bad Honnef, Deutschland : Universität Koblenz-Landau, 1999, S. 17–26. – Fachberichte Informatik, Nr. 7/99

21 **Eisenbarth u. a. 2001a**   EISENBARTH, Thomas ; KOSCHKE, Rainer ; SIMON, Daniel: Aiding Program Comprehension by Static and Dynamic Feature Analysis. In: **Proceedings of the International Conference on Software Maintenance**. Florenz, Italien : IEEE Computer Society Press, November 2001, S. 602–611

22 **Eisenbarth u. a. 2001b**   EISENBARTH, Thomas ; KOSCHKE, Rainer ; SIMON, Daniel: Derivation of Feature-Component Maps by Means of Concept Analysis. In: **Proceedings of the 5th European Conference on Software Maintenance and Reengineering**. Lissabon, Portugal : IEEE Computer Society Press, März 2001, S. 176–179

23 **Eisenbarth u. a. 2001c**   EISENBARTH, Thomas ; KOSCHKE, Rainer ; SIMON, Daniel: Feature-Driven Program Understanding Using Concept Analysis of Execution Traces. In: **Proceedings of the 9th International Workshop on Program Comprehension**. Toronto, Kanada : IEEE Computer Society Press, Mai 2001, S. 300–309

24 **Eisenbarth u. a. 2002**   EISENBARTH, Thomas ; KOSCHKE, Rainer ; SIMON, Daniel: Incremental Location of Combined Features for Large-Scale Programs. In: **Proceedings of the International Conference on Software Maintenance**. Montréal, Kanada : IEEE Computer Society Press, Oktober 2002, S. 273–283

25 **Eisenbarth u. a. 2003**   EISENBARTH, Thomas ; KOSCHKE, Rainer ; SIMON, Daniel: Locating Features in Source Code. In: **IEEE Computer Society Transactions on Software Engineering** 29 (2003), März, Nr. 3, S. 210–224

26 **Erdös und Sneed 1998**   ERDÖS, Katalin ; SNEED, Harry M.: Partial Comprehension of Complex Programs. In: **Proceedings of the 6th International Workshop on Program Comprehension**. Ischia, Italien : IEEE Computer Society Press, Juni 1998, S. 98–105

27 **FOLDOC 2004**   HOWE, Denis: **Free On-Line Dictionary of Computing**. Im Internet verfügbar unter http://www.foldoc.org/. 2004

28 **Frühauf u. a. 1997**   FRÜHAUF, Karol ; LUDEWIG, Jochen ; SANDMAYR, Helmut: **Software-Prüfung: Eine Anleitung zum Test und zur Inspektion**. vdf, 1997

29 **Ganter und Wille 1996**   GANTER, Bernhard ; WILLE, Rudolf: **Formale Begriffsanalyse: mathematische Grundlagen**. Springer, 1996

30 Gear u. a. 2005 GEAR, Andrew L. ; BUCKLEY, Jim ; CLEARY, Brendan ; COLLINS, J.J. ; O'DEA, Kieran: Achieving a Reuse Perspective within a Component Recovery Process: An Industrial Scale Case Study. In: **Proceedings of the International Workshop on Program Comprehension**. St. Louis, MI, USA : IEEE Computer Society Press, Mai 2005. – Im Druck.

31 GNU gcc 2004 FREE SOFTWARE FOUNDATION: **The GNU Compiler Collection**. Im Internet verfügbar unter `http://www.fsf.org/software/gcc/`. 2004

32 GNU gprof 2004 FREE SOFTWARE FOUNDATION: **GNU Binutils 2.12**. Im Internet verfügbar unter `http://www.fsf.org/software/binutils/`. 2004

33 GNU grep 2002 FREE SOFTWARE FOUNDATION: **grep**. Im Internet verfügbar unter `http://www.gnu.org/software/grep/grep.html`. Januar 2002

34 Godin u. a. 1998 GODIN, Robert ; MILI, Hafedh ; MINEAU, Guy ; MISSAOUI, Rokia ; ARFI, Amina ; CHAU, Thuy-Thien: Design of Class Hierarchies based on Concept (Galois) Lattices. In: **Theory and Application of Object Systems** 4 (1998), Nr. 2, S. 117–134

35 Godin u. a. 1994 GODIN, Robert ; MINEAU, Guy ; MISSAOUI, Rokia ; ST-GERMAIN, Marc ; FARAJ, Najib: Applying Concept Formation Methods to Software Reuse. In: **International Journal of Software Engineering and Knowledge Engineering** 5 (1994), Nr. 1, S. 119–142

36 Godin u. a. 1995 GODIN, Robert ; MISSAOUI, Rokia ; ALAOUI, Hassan: Incremental concept formation algorithms based on Galois (concept) lattices. In: **Computational Intelligence** 11 (1995), Nr. 2, S. 246–267

37 GraphViz 2002 GANSNER, Emden ; KOUTSOFIOS, Eleftherios ; MOCENIGO, John ; NORTH, Stephen ; WOODHULL, Gordon: **GraphViz—Open Source Graph Drawing Software**. Im Internet verfügbar unter `http://www.research.att.com/sw/tools/graphviz/`. 2002

38 Graudejus 1998 GRAUDEJUS, Holger: **Implementing a Concept Analysis Tool for Identifying Abstract Data Types in C Code**, Universität Kaiserslautern, Deutschland, Diplomarbeit, 1998

39 Horwitz und Reps 1992 HORWITZ, Susan ; REPS, Thomas: The Use of Program Dependence Graphs in Software Engineering. In: **Proceedings of the International Conference on Software Maintenance**. Melbourne, Australien : ACM Press, 1992, S. 392–411

40 Horwitz u. a. 1990 HORWITZ, Susan ; REPS, Thomas ; BINKLEY, David: Interprocedural Slicing Using Dependence Graphs. In: **ACM Transactions on Programming Languages and Systems** 12 (1990), Januar, Nr. 1, S. 26–60

41 IDEF0 1993 IDEF0: **Integration Definition for Function Modeling (IDEF0).** Im Internet verfügbar unter `http://www.idef.com/idef0.html`. Dezember 1993

42 IEEE Std 1008 1986 : **IEEE Standard for Software Unit Testing—IEEE Std 1008-1987.** 1986

43 IEEE Std 610.12 1991 : **IEEE Standard Glossary of Software Engineering Terminology—IEEE Std 610.12.** 1991

44 IEEE Std 829 1983 : **IEEE Standard for Test Documentation—IEEE Std 830-1998.** 1983

45 IEEE Std 830 1998 : **IEEE Recommended Practice for Software Requirements Specification—IEEE Std 830-1998.** 1998

46 Kang u. a. 1990 KANG, Kyo C. ; COHEN, Sholom G. ; HESS, James A. ; NOVAK, William E. ; PETERSON, A. S.: Feature-Oriented Domain Analysis (FODA) Feasibility Study. Pittsburgh, PA, USA : Software Engineering Institute (SEI), Carnegie Mellon University, November 1990 (CMU/SEI-90-TR-21). – Forschungsbericht

47 Koschke 2000 KOSCHKE, Rainer: **Atomic Architectural Component Recovery for Program Understanding and Evolution,** Universität Stuttgart, Deutschland, Dissertation, 2000

48 Koschke und Quante 2005 KOSCHKE, Rainer ; QUANTE, Jochen: On Dynamic Feature Location. In: **Proceedings of the International Conference on Automated Software Engineering.** Long Beach, CA, USA : ACM Press, November 2005. – Im Druck.

49 Koschke und Simon 2003 KOSCHKE, Rainer ; SIMON, Daniel: Hierarchical Reflexion Models. In: **Proceedings of the Working Conference on Reverse Engineering.** Victoria, BC Kanada : IEEE Computer Society Press, November 2003, S. 36–45

50 Koskinen 2004 KOSKINEN, Jussi: **Software Maintenance Costs.** Im Internet verfügbar unter `http://www.cs.jyu.fi/~koskinen/smcosts.htm`. September 2004

51 Kuipers und Moonen 2000 KUIPERS, Tobias ; MOONEN, Leon: Types and Concept Analysis for Legacy Systems. In: **Proceedings of the 8th International Workshop on Program Comprehension,** IEEE Computer Society Press, Juni 2000, S. 221–230

52 Lakhotia 1993 LAKHOTIA, Arun: Understanding someone else's code: Analysis of experiences. In: **Journal of Systems and Software** 23 (1993), Dezember, S. 269–275

53 Lehman 1980   LEHMAN, M.M.: Programs, Life Cycles, and the Laws of Software Evolution. In: **Proceedings of the IEEE, Special Issue on Software Evolution** 68 (1980), sep, Nr. 9, S. 1060–1076

54 Lehman und Belady 1985   LEHMAN, M.M. ; BELADY, L.: **Program Evolution.** Academic Press, London, 1985

55 Liggesmeyer 2002   LIGGESMEYER, Peter: **Software-Qualität: Testen, Analysieren und Verifizieren von Software.** Spektrum Akademischer Verlag, 2002

56 Lindig 1998   LINDIG, Christian: **Concepts 0.3e.** Im Internet verfügbar unter http://www.eecs.harvard.edu/~lindig/src/concepts.html. 1998

57 Lindig 1999   LINDIG, Christian: **Algorithmen zur Begriffsanalyse und ihre Anwendung bei Softwarebibliotheken.** Braunschweig, Deutschland, Technische Universität Braunschweig, Dissertation, November 1999

58 Lindig 2000   LINDIG, Christian: Fast Concept Analysis. In: STUMME, Gerd (Hrsg.): **Working with Conceptual Structures — Contributions to ICCS 2000.** Darmstadt, Deutschland : Shaker Verlag, Aachen, Deutschland, August 2000, S. 152–161

59 Lindig und Snelting 1997   LINDIG, Christian ; SNELTING, Gregor: Assessing Modular Structure of Legacy Code Based on Mathematical Concept Analysis. In: **Proceedings of the 19th International Conference on Software Engineering.** Boston, MA, USA : IEEE Computer Society Press and ACM Press, Mai 1997, S. 349–359

60 Lukoit u. a. 2000   LUKOIT, Kazimiras ; WILDE, Norman ; STOWELL, Scott ; HENNESSEY, Tim: TraceGraph: Immediate Visual Location of Software Features. In: **Proceedings of the International Conference on Software Maintenance.** San Jose, California, USA : IEEE Computer Society Press, Oktober 2000, S. 33–39

61 Marcus u. a. 2004   MARCUS, Andrian ; SERGEYEV, Andrey ; RAIJLICH, Václav ; MALETIC, Jonathan I.: An Information Retrieval Approach to Concept Location in Source Code. In: **Proceedings of the 11th Working Conference on Reverse Engineering.** Delft, Niederlande : IEEE Computer Society Press, November 2004, S. 36–45

62 Merriam-Webster 2002   (MW): **Merriam-Webster's Collegiate Dictionary.** Im Internet unter http://www.m-w.com/cgi-bin/dictionary. 2002

63 Müller u. a. 1994   MÜLLER, Hausi ; WONG, Kenny ; TILLEY, Scott R.: Understanding Software Systems Using Reverse Engineering Technology. In: **Proceedings of the 62nd Congress of L'Association Canadienne Francaise pour l'Avancement des Sciences,** 1994, S. 41–48

64 **Ottenstein und Ottenstein 1984**   OTTENSTEIN, Karl J. ; OTTENSTEIN, Linda M.: The program dependence graph in a software development environment. In: **Proceedings of the ACM SIGSOFT/SIGPLAN Software Engineering Symposion on Practical Sofware Development Environments**, 1984, S. 177–184

65 **Porrmann 2000**   PORRMANN, Alexander: **Komponentenerkennung durch Begriffsanalyse**, Universität Stuttgart, Fakultät Informatik, Diplomarbeit, Oktober 2000

66 **Rajlich und Wilde 2002**   RAJLICH, Václav ; WILDE, Norman: The Role of Concepts in Program Comprehension. In: **Proceedings of the International Workshop on Program Comprehension 2002**. Paris, Frankreich : IEEE Computer Society Press, Juni 2002, S. 271–278

67 **Rohrbach 1998**   ROHRBACH, Jürgen: **Erweiterung und Generierung einer Zwischendarstellung für C-Programme**, Universität Stuttgart, Studienarbeit, Januar 1998

68 **Rumbaugh u. a. 1999**   RUMBAUGH, James ; JACOBSON, Ivar ; BOOCH, Grady: **The Unified Modeling Language Reference Manual**. Addison-Wesley, 1999

69 **Sahraoui u. a. 1997**   SAHRAOUI, Hourai ; MELO, Walcélio ; LOUNIS, Hakim ; DUMONT, François: Applying Concept Formation Methods to Object Identification in Procedural Code. In: **Proceedings of the International Conference on Automated Software Engineering**. Lake Tahoe, CA, USA : IEEE Computer Society Press, November 1997, S. 210–218

70 **Siff 1998**   SIFF, Michael: **Techniques for Software Renovation**, University of Wisconsin—Madison, Dissertation, 1998

71 **Siff und Reps 1997**   SIFF, Michael ; REPS, Thomas: Identifying Modules via Concept Analysis. In: **Proceedings of the International Conference on Software Maintenance**. Bari, Italien : IEEE Computer Society Press, Oktober 1997, S. 170–179

72 **Siff und Reps 1999**   SIFF, Micheal ; REPS, Thomas: Identifying Modules via Concept Analysis. In: **IEEE Computer Society Transactions on Software Engineering** 25 (1999), Nr. 6

73 **Snelting 1994**   KRONE, Maren ; SNELTING, Gregor: On The Inference of Configuration Structures from Source Code. In: **Proceedings of the 16th International Conference on Software Engineering**. Sorrento, Italien : IEEE Computer Society Press, Mai 1994, S. 49–58

74 **Snelting 1995**   SNELTING, Gregor: Reengingeering of Configurations Based on Mathematical Concept Analysis / Technische Universität Braunschweig. Januar 1995 (95-02). – Informatik-Bericht

75 **Snelting 1996**   SNELTING, Gregor: Reengineering of Configurations Based on Mathematical Concept Analysis. In: **ACM Transactions on Software Engineering and Methodology** 5 (1996), April, Nr. 2, S. 146–189

76 **Snelting und Tip 1998**   SNELTING, Gregor ; TIP, Frank: Reengineering Class Hierarchies Using Concept Analysis. In: **Proceedings of the 6th SIGSOFT Symposium on Foundations of Software Engineering**. Orlando, FL, USA : ACM Press, November 1998, S. 99–110

77 **Snelting und Tip 2000**   SNELTING, Gregor ; TIP, Frank: Understanding Class Hierarchies Using Concept Analysis. In: **ACM Transactions on Programming Languages and Systems** 22 (2000), Mai, Nr. 3, S. 540–582

78 **Storey u. a. 1997**   STOREY, Margaret-Anne D. ; WONG, Kenny ; MÜLLER, Hausi A.: Rigi: a visualization environment for reverse engineering. In: **Proceedings of the 19th International Conference on Software Engineering**. Boston, MA, USA : ACM, Mai 1997, S. 606–607

79 **Sutanthavibul u. a. 2001**   SUTANTHAVIBUL, Supoj ; SATO, Tom ; SMITH, Brian V.: **The XFIG drawing tool, Version 3.2.3d.** Im Internet verfügbar unter http://www.xfig.org/. 2001

80 **Tilley u. a. 2003**   TILLEY, Thomas ; COLE, Richard ; BECKER, Peter ; EKLUND, Peter: A Survey of Formal Concept Analysis Support for Software Engineering Activities. In: STUMME, G. (Hrsg.): **Proceedings of the 1st International Conference on Formal Concept Analysis, ICFCA'03**. Darmstadt, Deutschland : Springer, Februar 2003, S. In print.

81 **Tonella 2001**   TONELLA, Paolo: Concept Analysis for Module Restructuring. In: **IEEE Computer Society Transactions on Software Engineering** 27 (2001), April, Nr. 4, S. 351–363

82 **Tonella und Ceccato 2004**   TONELLA, Paolo ; CECCATO, Mariano: Aspect Minint through the Formal Concept Analysis of Execution Traces. In: **Proceedings of the Working Conference on Reverse Engineering**. Delft, Niederlande : IEEE Computer Society Press, November 2004, S. 112–121

83 **Wheeler 2001**   WHEELER, David A.: **SLOCCount**. Im Internet verfügbar unter http://www.dwheeler.com/sloccount. Januar 2001

84 **Wielandt 2004**   WIELANDT, Thomas: **Merlot – Integration der Merkmallokalisierun in Bauhaus**, Universität Stuttgart, Diplomarbeit, April 2004

85 **Wilde u. a. 2001**   WILDE, Norman ; BUCKELLEW, Michelle ; PAGE, Henry ; RAJLICH, Václav: A Case Study of Feature Location in Unstructured Legacy Fortran Code. In: **Proceedings of the 5th European Conference on Software Maintenance and Reengineering**. Lissabon, Portugal : IEEE Computer Society Press, März 2001, S. 68–75

86 **Wilde u. a. 2003** WILDE, Norman ; BUCKELLEW, Michelle ; PAGE, Henry ; RAJLICH, Václav ; POUNDS, LaTreva: A Comparison of Methods for Locating Features in Legacy Software. In: **Journal of Systems and Software** 65 (2003), Februar, Nr. 2, S. 105–114

87 **Wilde und Casey 1996** WILDE, Norman ; CASEY, Christopher: Early Field Experience with the Software Reconnaissance Technique for Program Comprehension. In: **Proceedings of the International Conference on Software Maintenance**. Monterey, CA, USA : IEEE Computer Society Press, November 1996, S. 312–318

88 **Wilde u. a. 1992** WILDE, Norman ; GOMEZ, Juan A. ; GUST, Thomas ; STRASBURG, Douglas: Locating User Functionality in Old Code. In: **Proceedings of the International Conference on Software Maintenance**. Orlando, FL, USA : IEEE Computer Society Press, November 1992, S. 200–205

89 **Wilde und Scully 1995** WILDE, Norman ; SCULLY, Michael C.: Software Reconnaissance: Mapping Program Features to Code. In: **Journal of Software Maintenance: Research and Practice** 7 (1995), Januar, S. 49–62

90 **Wong u. a. 2000** WONG, W. E. ; GOKHALE, Swapna S. ; HOGAN, Joseph R.: Quantifying the Closeness between Program Components and Features. In: **The Journal of Systems and Software** 54 (2000), Oktober, Nr. 2, S. 87–98

91 **Wong u. a. 1999** WONG, W. E. ; GOKHALE, Swapna S. ; HORGAN, Joseph R. ; TRIVEDI, Kishor S.: Locating Program Features using Execution Slices. In: **Proceedings of the IEEE Symposium on Application-Specific Systems and Software Engineering & Technology**. Richardson, TX, USA : IEEE Computer Society Press, März 1999, S. 194–203

92 **Zhao u. a. 2004** ZHAO, Wei ; ZHANG, Lu ; LIU, Yin ; SUN, Jiasu ; YANG, Fuqing: SNIAFL: Towards a Static Non-Interactive Approach to Feature Location. In: **Proceedings of the International Conference on Software Engineering**. Edinburgh, Schottland : IEEE Computer Society Press, Mai 2004, S. 293–303

Über den Autor

Daniel Simon, Jahrgang 1975, hat in Saarbrücken an der Universität des Saarlandes von 1995–2000 Informatik mit Nebenfach Mathematik studiert. Sein Schwerpunkt lag hierbei in den Bereichen Programmiersprachen und Compilerbau, in denen auch seine Diplomarbeit angesiedelt ist. Er wechselte nach dem Abschluss mit Diplom zur Universität Stuttgart an der Lehrstuhl für *Programmiersprachen und deren Übersetzer* von Professor Plödereder. Von 2000–2005 war er Mitglied der Forschungsgruppe im Bauhaus-Projekt und hat diese Dissertation im Umfeld des Reverse Engineering betrieben. Im Bauhaus-Projekt hat eine Zusammenarbeit mit Professor Rainer Koschke und Thomas Eisenbarth die Tätigkeiten beeinflusst.

In der Lehre hat sich Daniel Simon in dieser Zeit mit Programmiersprachen auseinandergesetzt, insbesondere der Sprache Ada95, seine Kenntnisse im Software Engineering und im Themengebiet der Software-Produktlinien vertieft und dabei verschiedene Lehrveranstaltungen in deutscher und englischer Sprache betreut. In Zusammenarbeit mit Professor Rainer Koschke an der Universität Bremen hat er die Vorlesung *Software-Reengineering* im Wintersemester 2004/2005 gehalten.

Nach Abschluss der Arbeiten in Stuttgart hat Daniel Simon zur SQS Software Quality Systems AG in Köln gewechselt, wo er mit den Themen Reverse Engineering, Code Quality Management und Software-Qualitätssicherung befasst ist. Der Einsatz und die Verbreitung von Software-Qualitätssicherung unter Zuhilfenahme insbesondere von statischen Analysetechniken im industriellen Umfeld steht dabei im Mittelpunkt der Aktivitäten. Ein dabei immer wiederkehrendes Thema ist die wirtschaftliche Rechtfertigung und Machbarkeit von Software-Wartungsmaßnahmen.

Kontakt

Anschrift	SQS Software Quality Systems AG
	Daniel Simon
	Stollwerckstraße 11
	D-51149 Köln
Telefon	+49 22 03 9154 7091
Fax	+49 22 03 9154 58
Email[1]	`mailto:daniel.simon@sqs.de`
Internet	`http://www.sqs.de/`

Privat	
Email	`mailto:simon.daniel@gmx.net`
Internet	`http://www.cqit.de/`

---

[1]Der Kontakt kann per Email gerne mit PGP-Verschlüsselung erfolgen. Der PGP-Schlüssel ist auf öffentlichen Keyservern verfügbar oder kann unter der folgenden Adresse bezogen werden: `http://www.cqit.de/pubkey.asc`, Fingerprint BC46 4DC2 C3F0 C134 7295 45F7 0415 8B8F 8984 FD76.